# 金融错配下的技术创新模式选择及其效率损失研究

刘斌斌 著

·北京·

图书在版编目（CIP）数据

金融错配下的技术创新模式选择及其效率损失研究 / 刘斌斌著. —北京：科学技术文献出版社，2021.11（2022.10重印）
ISBN 978-7-5189-8590-6

Ⅰ.①金… Ⅱ.①刘… Ⅲ.①金融—资源分配—影响—企业管理—技术革新—研究—中国 Ⅳ.① F279.233.1

中国版本图书馆 CIP 数据核字（2021）第 228876 号

## 金融错配下的技术创新模式选择及其效率损失研究

| 策划编辑：孙江莉 | 责任编辑：巨娟梅 张瑶瑶 | 责任校对：文 浩 | 责任出版：张志平 |

| 出 版 者 | 科学技术文献出版社 |
| --- | --- |
| 地　　址 | 北京市复兴路15号　邮编　100038 |
| 编 务 部 | （010）58882938，58882087（传真） |
| 发 行 部 | （010）58882868，58882870（传真） |
| 邮 购 部 | （010）58882873 |
| 官方网址 | www.stdp.com.cn |
| 发 行 者 | 科学技术文献出版社发行　全国各地新华书店经销 |
| 印 刷 者 | 北京虎彩文化传播有限公司 |
| 版　　次 | 2021年11月第1版　2022年10月第2次印刷 |
| 开　　本 | 710×1000　1/16 |
| 字　　数 | 153千 |
| 印　　张 | 10 |
| 书　　号 | ISBN 978-7-5189-8590-6 |
| 定　　价 | 48.00元 |

版权所有　违法必究

购买本社图书，凡字迹不清、缺页、倒页、脱页者，本社发行部负责调换

# 序

　　刘斌斌博士所著《金融错配下的技术创新模式选择及其效率损失研究》紧扣创新驱动发展这一重大战略，以资源配置优化理论为基础、以提升原始发明创新能力为主线、以实现经济高质量发展为目标，对诸多相关问题展开了深入探讨与研究。本书对何为金融资源错配、金融资源错配的原因是什么、金融资源错配存在哪些具体形态、我国金融市场资源错配程度高低如何、金融资源错配会对技术创新模式选择产生何种不利影响及创新模式的扭曲又会造成怎样的效率损失等一系列问题进行了逐层深入的剖析。本书从金融资源配置优化角度入手，重点探究了我国经济发展过程中所备受关注的核心竞争力匮乏、原始发明创新不足等现实问题，并试图为我国原始创新能力的提升与生产效率的改进提出可供参考的解决思路。

　　诚然，如何有效提升我国原始发明创新能力本身就是一个复杂的、长期的系统性问题。原始发明创新能力的提高不仅需要搭建良好的创新平台、营造优良的创新环境、酿造浓厚的创新文化，而且还与宏观营商环境、市场结构体系等密切相关。本书从金融资源配置优化视角对如何提升我国技术创新能力问题展开了系统而深入的研究，提出了许多有价值的研究观点，构建的证券市场资源错配程度测算模型更是一种有意义的创新。无可讳言，本书在诸多方面仍有其稚嫩和欠缺之处。然而瑕不掩瑜，本书的付梓问世展现了作者近几年来在这一研究领域取得的有价值的研究成果，为我们从金融资源配置角度进一步认识和研究企业技术创新问题拓宽了学术视野。最后,衷心希望作者一如既往地沿着科学研究的道路继续奋力前行,进一步扎根于我国社会经济实践与发展的沃土,把更多的学术成果书写在中国大地上。

多武

2021 年 6 月

# 前　言

实现和优化资源配置是金融市场重要功能之一。作为社会核心的要素资源，金融资源的合理配置要求金融资源按照效率均等原则在不同企业或部门间进行配置，使得效率最高的企业获得最多资源，效率次之者获得较少资源，效率最低者获得最少资源。更为重要的是，金融资源的合理配置将会有效带动技术、人力等其他社会资源的流动，最终共同促进经济的发展、生产效率的提升和科技创新水平的进步。

在"科技是第一生产力"的今天，一方面，随着世界竞争激烈程度的日益加剧和发达国家核心技术封锁的不断加强，技术创新在确保经济持续稳定发展中的重要地位日益凸显；另一方面，在我国改革红利、人口红利和结构红利逐渐消失的时代背景下，为了充分保证我国下一阶段经济高质量发展目标的实现并不断摆脱"中等收入"陷阱而屹立于世界强国之林，不断克服我国当前所面临的核心技术匮乏、自主创新不足等缺陷，努力提升我国原始发明创新能力以保证创新驱动发展战略的顺利实施将显得弥足重要。于是，2012年，党的十八大报告明确提出"科技创新是提高社会生产力和综合国力的战略支撑，必须摆在国家发展全局的核心位置"的重要论断。2013年国务院4号文件《关于印发"十二五"国家自主创新能力建设规划的通知》中进一步明确指出："十二五"期间仍需全面提升我国原始创新、集成创新和引进消化吸收再创新能力，加快创新型国家建设。为了积极响应党的十八大所提出的创新驱动发展战略，中共中央、国务院在2016年

5月专门印发了《国家创新驱动发展战略纲要》，明确了今后我国实现创新驱动发展战略的"三步走"战略目标。到了2017年，习近平总书记在党的十九大会议上进一步明确了"创新是引领发展的第一动力，是建设现代化经济体系的战略支撑"的战略思想，并指出必须"加强国家创新体系建设，强化战略科技力量。深化科技体制改革，建立以企业为主体、市场为导向、产学研深度融合的技术创新体系，加强对中小企业创新的支持"。

无论是技术创新能力的整体提升还是原始发明创新成果的不断涌现，既离不开金融市场的充分发展，更离不开金融资源的优化配置。毋庸置疑，合理的金融资源配置不仅可以为技术创新的研发投入提供资金支持，还可以通过金融市场信号有效地甄别风险、筛选企业家并分散技术创新风险。然而，一旦金融资源出现错配，它将不仅会扭曲金融市场价格信号，而且还会导致金融系统风险分散与收益评估功能出现紊乱。金融市场价格信号的扭曲会导致创新主体研发资金融资的困难，而金融系统风险分散与收益评估功能的紊乱则会使得创新主体的技术创新风险难以得到有效分散、技术创新活动的预期收益难以得到有效评估，最终不仅会影响创新主体技术创新活动的进行，而且还会影响其对技术创新具体模式所做出的最优选择，这些均将对我国的整体技术创新能力和生产效率产生巨大的负面影响。

那么，何为金融资源错配？引起金融资源错配的原因是什么？我国金融资源错配存在哪些具体形态？其错配程度又将如何？金融资源错配又是以何种方式或在多大程度上扭曲我国技术创新的模式选择？进而造成多大程度的生产效率损失呢？在"科技是第一生产力"和我国现阶段正积极实施创新驱动发展战略时代背景下，围绕上述诸多亟待解决的问题，本研究首先从我国金融资源错配的成因和程度测算、金融资源配置与企业技术创新的相关关系及技术创新模式选择如何影响企业生产效率3个方面对现有国内外研究成果和文献进行了梳理和综述。在此基础上,指出现有研究存在的不足及有待进一步深入研究的若干问题。其次,在对金融资源错配的表征、成因及其具体形态进行深入分析基础上,借鉴现有关于金融资源错配程度的测算方法,本研究进一步基于信息论中的熵理论提出更切实可行的银行信贷资源错配程度测算方法,以及测算证券市场资源错配程度大小的相关系数法和融资需求满意度法模型,继而以2011—2015年我国省际面板数据为样本进行具体测算,并得到若干重要结论。再次,在对技术创新及其创新模式等相关概念进行界定后,分析我国现阶段的技术创新及其模式选择发展现状,并对金融资源错配影响技术创新模式选择的内在机制进行剖析并进行实证检验。然后,进一步对何为生产效率及其分类进行介绍,并对技术创新模式选择的不同如何影响技术生产效率和劳动生产效率进行理论分析与实证。最后,基于对本研究所得研究结论的梳理与总结,提出金融资源配置优化的具体对策建议,以期充分利用金融市场发展与金融资源配置优化来促进我国技术生产效率与劳动生产效率的提升。遵循上述逻辑,全书内容组织安排如下所示。

第一章为导论。介绍研究背景及其具体意义,在此基础上,进一步介绍具体的研究思路、内容与所采用的主要研究方法,以及所要达到的研究目标,最后指出本研究可能存在的创新之处和不足。

第二章为文献综述。主要从金融资源错配的成因及其具体测算、金融发展和金融资源错配对技术创新的影响、技术创新模式选择如何影响企业生产效率3个方面对国内外最新研究成果进行梳理与综述,并指出该领域当前研究成果中所存在的不足及其有待进一步深入研究的具体问题。

第三章为金融资源错配表征、成因及其形态分析。在对金融资源错配的深刻内涵进行阐述后,本研究对其具体表征进行描述,从政府干预、金融结构差异和所有制歧视3个维度对引发我国金融资源错配的成因进行剖析。在此基础上,进一步分析我国金融资源错配的具体形态。并且，以上市企业定向增发为例，对我国证券市场股权融资的资源错配形态及其现状进行实证检验。

第四章为我国金融市场资源错配程度测算。在对我国金融资源配置的具体模式与渠道进行分析后，本研究首先对银行信贷资源错配程度现有测算方法进行梳理与总结，并基于信息论中的熵理论构建新的银行信贷资源错配程度测算模型，据此进一步对我国各省区市的银行信贷资源错配程度进行具体的测算。其次，开创性地提出了证券市场资源错配程度测算的相关系数法与融资需求满意度法，并以我国上市企业为样本进行具体测算。最后，在完成银行信贷与证券市场资源错配程度测算后，以银行信贷资源错配为例，对我国金融资源错配的动态发展趋势及其收敛性特征进行深入分析。

第五章为金融资源错配对技术创新模式选择影响分析。在对技术创新及其模式选择相关概念进行阐释后，本研究系统地分析我国技术创新及其模式选择的具体现状，然后再探讨不同金融资源错配对技术创新模式选择的具体影响并进行实证检验。

第六章为技术创新模式选择对地区生产效率影响分析。对生产效率的基本概念进行界定后，本研究理论分析不同技术创新模式选择对劳动生产效率和技术生产效率的具体影响，然后基于省际面板数据进行实证检验。

第七章为结论与政策建议。在对所得重要研究结论进行总结后，本研究从如何降低金融资源错配程度、如何提升我国原始发明创新能力及如何提升企业生产效率3个方面提出诸多有益的政策建议，并在此基础上提出有待进一步深入研究的诸多问题。

在本书的撰写过程中，得到南昌大学刘耀彬教授、陈熹副教授及笔者的博士生导师严武教授的大力指导与支持，在此一并表示衷心的感谢！

# 目 录

## 第一章 导 论 ········································································· 1
- 1.1 研究背景 ······································································ 1
- 1.2 研究意义 ······································································ 5
- 1.3 研究思路、内容与方法 ···················································· 5
- 1.4 研究目标 ······································································ 8
- 1.5 创新之处与可能的不足 ················································· 11

## 第二章 文献综述 ································································· 14
- 2.1 金融资源错配相关研究 ················································· 14
- 2.2 金融资源配置影响企业技术创新相关研究 ························· 19
- 2.3 技术创新模式选择对生产效率影响的相关研究 ···················· 21
- 2.4 文献评述 ···································································· 26

## 第三章 金融资源错配表征、成因及其形态分析 ······················· 29
- 3.1 金融资源错配内涵界定与表征分析 ·································· 29
- 3.2 金融资源错配成因分析 ················································· 34
- 3.3 金融资源错配形态分析 ················································· 42
- 3.4 金融资源错配形态检验——以上市企业定向增发为例 ·········· 47
- 3.5 本章小结 ···································································· 58

## 第四章 我国金融市场资源错配程度测算 ········ 60

4.1 我国金融资源配置模式分析 ········ 60
4.2 银行信贷资源错配程度测算 ········ 63
4.3 证券市场资源错配程度测算 ········ 73
4.4 我国金融资源错配收敛性分析——以银行信贷资源错配为例 ···· 81
4.5 本章小结 ········ 84

## 第五章 金融资源错配对技术创新模式选择影响分析 ········ 87

5.1 技术创新相关概念界定 ········ 88
5.2 企业技术创新模式选择分类 ········ 90
5.3 我国技术创新及其模式选择现状分析 ········ 93
5.4 金融资源错配影响技术创新模式选择机制分析 ········ 105
5.5 金融资源错配影响技术创新模式选择实证检验 ········ 108
5.6 本章小结 ········ 117

## 第六章 技术创新模式选择对地区生产效率影响分析 ········ 119

6.1 生产效率内涵界定 ········ 119
6.2 不同技术创新模式选择对生产效率的影响分析 ········ 121
6.3 不同技术创新模式选择影响生产效率实证检验 ········ 124
6.4 本章小结 ········ 130

## 第七章 结论与政策建议 ········ 132

7.1 研究结论 ········ 132
7.2 政策建议 ········ 136
7.3 未来研究展望 ········ 141

**参考文献** ········ 143

# 第一章 导 论

## 1.1 研究背景

自20世纪初美籍奥地利经济学家熊彼特在《经济发展理论》一书中提出创新概念以来，技术创新问题备受国内外学术界与企业界关注。他认为创新是企业家将新发明引入生产体系，实现生产要素和生产条件的重新组合而获得超额利润的过程。虽然我国自改革开放以来，经济总量已经跃居世界第二，但自主创新动力不足、企业核心竞争力匮乏是制约我国经济进一步发展的重要因素。

2012年，党的十八大报告明确指出："科技创新是提高社会生产力和综合国力的战略支撑，必须摆在国家发展全局的核心位置。要坚持走中国特色自主创新道路，以全球视野谋划和推动创新，提高原始创新、集成创新和引进消化吸收再创新能力，更加注重协同创新。深化科技体制改革，推动科技和经济紧密结合，加快建设国家创新体系，着力构建以企业为主体、市场为导向、产学研相结合的技术创新体系。"

2013年国务院4号文件《关于印发"十二五"国家自主创新能力建设规划的通知》中明确指出：虽然"十一五"期间我国激发自主创新的法律与政策效果已初见成效、自主创新基础条件不断得到完善、创新主体发展能力不断得到提升，但"十二五"期间仍需全面提升我国原始创新、集成创新和引进消化吸收再创新能力，加快创新型国家建设。在此过程中，要求各级部门进一步加强政府统筹规划指导，更加发挥市场在资源配置中的基础性作用。

2016年5月，为了响应党的十八大提出的创新驱动发展战略，中共中央、国务院专门印发了《国家创新驱动发展战略纲要》。该纲要明确指出：创新驱动就是创新成为引领发展的第一动力、创新驱动是国家命运所系、创新驱动是世界大势所趋、创新驱动是我国发展形势所迫。不仅如此，纲要还明确了今后我国实现创新驱动发展战略的"三步走"战略目标。第一步，到2020年进入创新型国家行列，基本建成中国特色国家创新体系，有力支撑全面建成小康社会目标的实现。这一阶段要求创新型经济格局初步形成、自主创新能力大幅提升、创新体系协同高效、创新环境更加优化。第二步，到2030年跻身创新型国家前列，发展驱动力实现根本转换，经济社会发展水平和国际竞争力大幅提升，为建成经济强国和共同富裕社会奠定坚实基础。这一阶段所要实现的基本目标包括：主要产业进入全球价值链中高端；总体上扭转科技创新以跟踪为主的局面；国家创新体系更加完备；创新文化氛围浓厚，法治保障有力，全社会形成创新活力竞相迸发、创新源泉不断涌流的生动局面。第三步，到2050年建成世界科技创新强国，成为世界主要科学中心和创新高地，为我国建成富强民主文明和谐的社会主义现代化国家、实现中华民族伟大复兴的中国梦提供强大支撑。这一阶段的基本目标是：科技和人才成为国力强盛最重要的战略资源，创新成为政策制定和制度安排的核心因素；劳动生产率、社会生产力提高主要依靠科技进步和全面创新，经济发展质量高、能源资源消耗低、产业核心竞争力强；拥有一批世界一流的科研机构、研究型大学和创新型企业，涌现出一批重大原创性科学成果和国际顶尖水平的科学大师，成为全球高端人才创新创业的重要聚集地；创新的制度环境、市场环境和文化环境更加优化，尊重知识、崇尚创新、保护产权、包容多元成为全社会的共同理念和价值导向。为了充分保证创新驱动发展战略的顺利实施，该纲要进一步明确了具体战略任务。具体包括：推动产业技术体系创新，创造发展新优势；强化原始创新，增强源头供给；优化区域创新布局，打造区域经济增长极；深化军民融合，促进创新互动；壮大创新主体，引领创新发展等。

在2017年党的十九大会议上，习近平总书记进一步明确"创新是引领发展的第一动力，是建设现代化经济体系的战略支撑"。他在报告中明确指出：加强国家创新体系建设，强化战略科技力量。深化科技体制改革，建立以企业为主体、市场为导向、产学研深度融合的技术创新体系，加强对中小企业创新的支持，促进科技成果转化。

毋庸置疑，自创新驱动发展战略确立以来，我国科技成果数量明显上升、科技成果转换能力明显增强。然而，在过去的发展历程中，我国技术创新仍旧是以引进创新和集成创新为主，创新主体在没有清晰区分模仿与创新的同时，更多关注的是资源的横向整合，自主创新成果严重缺乏。根据《中国统计年鉴》资料显示，2011年我国R&D支出占GDP的1.84%，2015年上升至2.07%，增长了12.5%；而在科技创新成果方面，2011年授权的发明专利量数为172 113件，占整个专利授权量的17.91%左右，2015年该比例为20.91%，仅增加了16.75%。数据对比结果充分表明，虽然自2011年起我国不断增加了R&D投入，但原始创新的发明专利比例并没有发生明显改变，我国的技术创新模式仍然是以外观设计和实用新型为主。为了切实保障《国家创新驱动发展战略纲要》中所提出的"三步走"战略目标及科技强国战略目标的真正实现，我国仍需大力推进技术创新模式由吸收、引进等二次创新向原始技术创新的积极转变。

实现和优化资源配置是金融市场主要功能之一。在市场价格传递机制作用下，有效的金融市场应该按照边际报酬相等原则实现资源金融资源的配置，引导资金不断从生产效率低下的部门或企业流向生产效率更高的部门或企业，然后带动人力资本、生产技术等其他生产要素的流动，最终实现整个社会资源的合理配置。考虑到社会资源包括资金、人力和生产管理技术等多个方面内容，要对社会资源的各个方面进行全面而系统的讨论实属不易。作为最重要的社会核心资源之一，金融资源如果不能按照效率原则在企业或部门间进行配置，势必造成要素市场在资源数量和价格配置上的扭曲。作为技术创新首要投入因素之一，金融资源的错配很可能使得具有独立创新能力和创新意识的企业无法获得足额的研发资金，而那些不具备独立创新能力和创新意识的企业则可能获得更多的研发资金，造成研发资金配置的扭曲和金融资源配置的低效，最终扭曲企业的最优技术创新策略选择。在"科技是第一生产力"的时代，最优技术创新策略和创新模式的扭曲势必造成企业劳动生产效率和技术生产效率损失，从而影响我国科技进步和企业长远发展。

那么，稀缺的金融资源如何进行优化配置才能最有效地激发企业家的创新精神，保证研发资金按照效率原则在不同企业或部门间进行合理的配置，从而充分保证企业劳动生产效率和技术生产效率损失降到最低程度呢？早在1912年Schumpeter就提出"金融发展的本质是金融体系能够帮助企业家进行创新活动"。金融发展应不断完善自身功能，实现金融资源的优化配置，有效参与企业创新的各个阶段，否则将会出现低效甚至无效的局面。金融发展在企业技术创新过程中应具备如下功能：①筛选企业家；②为企业家的技术创新融资；③分担企业家技术创新风险;④对企业技术创新预期收益进行核算[1]。企业技术创新不仅是一个不确定性较高、风险较大的过程,而且还需要通过金融市场为其技术创新融通资金。如果金融市场缺失资源优化配置这一核心功能和对企业技术创新的风险甄别与分摊功能中的任一功能,都将使得金融发展与实体经济技术创新的适应性产生偏差,出现金融资源配置低效或错配现象而使得企业产生技术创新模式选择扭曲或创新投入不足,最终使得企业劳动生产效率和技术生产效率远离潜在生产可能性边界,造成一定程度的效率损失。

一方面,虽然近十几年来我国经济总量不断攀升,GDP 增速遥遥领先世界其他发达国家,但出口和投资拉动是这一时期我国经济发展的主要特征。自主创新不足、核心竞争力匮乏及出口商品竞争力缺乏等正成为制约我国经济长远发展的主要障碍。另一方面,我国金融资源在不同地区、不同部门和不同控股权性质企业间的错配现象严重。在我国"二元"所有制经济结构和金融资源配置政府主导型特征影响下,民营企业资本回报率长期以来远高于国有企业,但我国金融机构却更偏好于国有企业,民营企业往往仅靠利润留存、企业家个人储蓄或一些非正规金融渠道获得资金[2],国有企业与民营企业在生产效率和融资能力方面的差异已经达到令人震惊的程度[3]。作为核心生产要素之一,金融资源无论是在数量上还是价格上的错配都将严重扭曲资本市场信号,进而使企业的研发资金和人力投入规模、研发成败的风险及研发收益的不确定性产生扭曲,最终造成企业偏离最优的技术创新模式选择而只能进行"次优"的创新活动,造成企业生产效率的损失。为了尽量消除金融资源错配对技术创新的不利影响,充分发挥市场在资源配置中的基础性作用以提高我国企业技术创新能力,中共中央、国务院 2015 年 3 月在《关于深化体制机制改革加快实施创新驱动发展战略的若干意见》中明确提出:要使市场在资源配置中起决定性作用,强化资本市场对技术创新的支持,拓宽技术创新的间接融资渠道。在 2017 年全

---

[1] KING R G, LEVIN R. Finance, entrepreneurship and growth: theory and evidence [J]. Journal of monetary economics, 1993, 32 (3): 513-542.

[2] 邵挺. 金融错配、所有制结构与资本回报率:来自 1999—2007 年我国工业企业的研究 [J]. 金融研究, 2010 (9): 51-68.

[3] ZHENG S, STORESLETTEN K, ZILIBOTTI F. Growing like China [J]. American economic review, 2011, 101 (1): 196-233.

国金融工作会议上，李克强总理强调，金融是国之重器，要加强对创新驱动发展、新旧动能转换、促进"双创"支撑就业等的金融支持。由此可见，研究我国金融配置扭曲对技术创新模式选择的影响及其所造成的效率损失程度具有重要理论与现实意义。

## 1.2 研究意义

为了有力确保创新驱动发展战略目标的实现，切实增强金融服务于实体经济功能，从而充分保证资本市场对我国技术创新支撑性功能的发挥，为了能更有针对性地完善和深化金融体制改革，以便更大程度地提升我国整体和各地区金融资源配置效率，本研究在理论和现实上具有重要指导意义。

一方面，本研究不仅基于新的视角，提出切实可行的新方法来测算不同金融资源错配形态所面临的错配程度，而且还有利于帮助揭开传统研究过程中所存在的要素市场扭曲如何造成效率损失的"黑箱"，具有重要理论意义。

另一方面，面对金融资源的严重错配和我国目前普遍存在的自主创新不足、核心竞争力匮乏、出口商品竞争力缺乏等现实压力，本研究基于对各地区银行信贷和证券市场资源错配程度的测算，进一步分析不同金融资源错配形态和错配程度将如何扭曲我国技术创新模式选择。在此基础上，定量测算因金融资源错配所造成的地区劳动生产效率和技术生产效率损失程度大小，据此提出切实可行的政策建议供相关政策部门参考，以便有力保障我国创新驱动发展战略目标的实现和世界竞争力的提升，切实提高金融服务于实体经济的质量，具有重要现实意义。

## 1.3 研究思路、内容与方法

### 1.3.1 研究思路

围绕创新驱动发展战略目标，在我国面临严重金融资源错配和企业自主创新动力不足、核心竞争力严重匮乏背景下，为了努力确保《国家创新驱动发展战略纲要》所提出的"三步走"战略目标能得到圆满实现、真正落实金融行业供给侧改革和金融服务于实体经济功能的有效发挥，本研究遵循如下思路分阶段、分层次地展开研究。具体研究思路如图 1-1 所示。

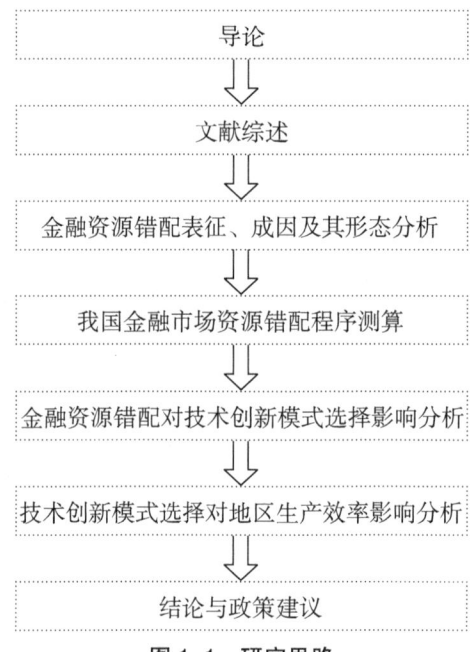

图 1-1　研究思路

## 1.3.2　研究内容

围绕上述研究思路及本研究所要实现的研究目标，本书分 7 章对所涉及的相关内容进行逐层深入地分析。

第一章为导论。主要介绍研究背景、研究意义、研究思路、研究内容与研究方法，在此基础上进一步介绍本研究所要达到的研究目标，以及本研究的创新之处与可能存在的不足。

第二章为文献综述。在对金融资源错配的成因与程度测算的现有国内外文献进行梳理与归纳基础上，进一步从金融资源配置如何影响企业技术创新、技术创新模式选择如何影响企业生产效率 2 个维度对该领域现有研究成果进行综述。在此基础上，进一步提出现有研究文献中所存在的不足，并指出尚需进一步深入分析的研究空间。

第三章为金融资源错配表征、成因及其形态分析。在对金融资源错配的

# 第一章
# 导 论

深刻内涵及其表征进行深入剖析的基础上，进一步从政府对金融资源配置的干预、金融结构的合理性程度及所有制歧视等角度对引起我国金融资源错配的深层次原因进行分析。然后，从银行信贷与证券市场、地区与行业、价格与数量等多个维度多个视角对金融资源错配的具体形态进行深入剖析与总结归纳。

第四章为我国金融市场资源错配程度测算。基于对传统金融资源错配程度测算模型的梳理与归纳，回顾了现有金融资源错配程度测算模型，并指出这些模型尚需完善之处。在此基础上，进一步设计出银行信贷资源错配程度测算的熵值法、证券市场资源错配程度测算的相关系数法与融资需求满意度法。在以我国银行信贷数据与证券市场数据为样本对不同形态的金融资源错配程度进行具体测算后，以我国银行信贷资源错配程度测算结果为例，进一步对其进行收敛性分析。

第五章为金融资源错配对技术创新模式选择影响分析。在厘清技术创新基本概念与企业技术创新模式选择类别基础上，对我国技术创新及其模式选择现状进行了剖析。基于对金融资源错配影响技术创新模式选择的理论分析，构造金融资源不同错配形态影响地区技术创新模式选择的面板数据模型，然后再以省际数据为样本，在其他诸多因素影响基础上进行实证检验，从而发现不同金融资源错配形态和程度对地区技术创新模式选择的具体影响。

第六章为技术创新模式选择对地区生产效率影响分析。技术创新模式选择是金融资源错配约束下的企业内生性选择，但选择不同技术创新模式将会对生产效率产生重要影响。在对生产效率的内涵及其测算方式进行阐述后，基于对相关研究结果的梳理与总结，将生产效率进一步分解为劳动生产效率和技术生产效率，并构造技术创新模式选择影响地区劳动生产效率和技术生产效率的实证检验模型，以便有效度量技术创新模式选择的扭曲对各地区劳动生产效率和技术生产效率所造成的损失大小。

第七章为结论与政策建议。在对前述所取得的相关研究结论与成果进行归纳总结的基础上，进一步提出相关政策建议，以期为相关政策制定部门提供有益的政策参考来进一步提升我国自主创新能力和产品核心竞争力，从而有力确保我国创新驱动发展战略目标的顺利实现。

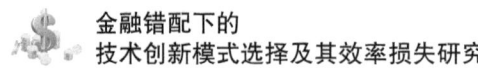

### 1.3.3 研究方法

本研究综合采用文献研究法、质性分析法、模型构建法、实证检验法等各种规范与实证研究法对所涉及的研究内容进行分析。

（1）文献研究法

在论文研究过程中，将通过中国知网及百度、搜狗等搜索引擎查找各种国内外相关领域的研究文献，并对其进行梳理与总结以提炼出具体的研究进展、研究动态、研究目标、研究内容、研究方法及尚存在的问题。

（2）质性分析法

由于研究过程中涉及大量定性分析的内容，如金融资源错配的表征、成因、形态分析等，因此，本研究采用质性分析法对金融资源错配的内涵、表征、成因、形态、技术创新模式选择类别等相关内容进行阐述。

（3）模型构建法

在本研究过程中，涉及大量的模型构建，如银行信贷资源错配程度测算模型、证券市场资源错配程度测算模型等。在归纳与借鉴前人工作基础上，本研究分别采用熵值法、敏感度分析法、融资需求满意度法等多种方法构建各种金融资源错配程度测算模型。

（4）实证检验法

在相关模型得以建立后，本研究采用双样本异方差均值比较法对不同地区和不同控股权性质企业间的金融资源错配程度进行单变量因素分析，然后再综合运用截面数据模型和面板数据模型对所提出的理论假设或模型推导结论进行具体的实证检验，以便为本研究的相关理论成果提供有力的数据支持，增强所得研究结果的可信度和实用性。

## 1.4 研究目标

一方面，随着结构红利、人口红利和制度红利的逐渐消失，以及发达国家核心技术封锁程度的加剧，我国经济发展正面临前所未有的压力与挑战。企业自主创新投入不足、核心技术缺乏正成为制约我国经济进一步快速增长的重要因素。党的十八届五中全会明确提出"坚持创新发展，必须把创新摆在国家发展全局的核心位置……深入实施创新驱动发展战略，发挥科技创新在全面创新中的引领作用"。2016 年，中共中央、国务院印发的《国家创新驱动发展战略纲要》进一步明确今后几十年内我国创新驱动发展战略的具体 3 个实施步骤。2017 年的全国金融工作会议则明确了金融支持我国"双创"事业发展的具体工作内容和方法方式。一系列的国家文件充分表明技术创新在我国下一阶段发展中的重要战略地位和深远意义。另一方面，在我国企业主体长期存在"二元"所有制经济结构特征背景下，我国金融资源呈现明显"二元"错配现象，民营企业效率高却难以获得自身发展所需的资金，而国有企业效率低却能获得更多的资金支持。作为企业技术创新最重要影响要素之一，资本在金融资源错配情形下必然会形成相对于其他生产要素的价格扭曲。资本价格的扭曲势必影响企业技术创新的成本与收益，使得企业在进行技术创新模式选择决策时偏离最优均衡策略，进而阻碍我国企业技术进步并造成效率损失。

随着我国经济社会的不断发展，与发达国家一样，银行、证券和保险这三大现代支柱性金融产业在我国经济发展过程中的各个领域已发挥出重要作用。那么，我国的金融资源错配具体形态有哪些？其具体程度大小又如何？不同程度和形态的金融资源错配将如何扭曲技术创新模式选择？技术创新模式选择的扭曲又将造成多大的生产效率损失？围绕上述这些迫切需要解决和探讨的理论与现实问题，本研究的研究目标如下所示。

（1）明确金融资源错配形态、测算金融资源错配程度

实现和优化资源配置是金融市场重要功能之一，在我国尚未完全建立市场经济体制条件下，作为经济发展的润滑剂，金融部门在整个国家资源配置中发挥着重要的作用。理论上而言，作为主要的核心生产要素之一，金融资源应该按照效率均等原则在不同企业或部门间进行有效的配置，因为金融资源的合理高效流动将带动人力、技术等其他生产要素源源不断地从效率低下的企业或部门流入效率更高的企业或部门。然而，在我国金融资源配置政府主导型特征影响下，我国完善的金融市场管理与监督机制的缺失及长期存在的"二元"所有制经济结构体制，使得金融资源在我国各企业、地区或部门间的配置效率较为低下，金融资源错配已经成为制约我国经济进一步快速、稳定发展的重要掣肘。在国家倡导创新驱动发展战略的历史阶段，金融资源错配严重制约我国企业自主创新能力的提升与发展，导致我国企业自主创新能力不足、核心技术缺乏和产品核心竞争力严重匮乏，如何优化我国金融资源配置、提升金融资源配

置效率毫无疑问已经成为下一阶段我国经济发展所面临的主要问题。优化金融资源配置、提升金融资源配置效率首先需要清楚地认识到我国现阶段普遍存在的金融资源错配具体形态及其差异化错配程度水平，本研究的第一个目标即是对我国现阶段所存在的金融资源错配形态进行分析、对各种具体的金融资源错配程度进行合理测算。

（2）确定金融资源错配约束下的创新主体技术创新模式选择

技术创新本不是企业本身的发展目的，通过成本收益分析选择最优技术创新模式以实现利润最大化才是企业真正目标。金融资源错配的直接后果便是导致资本要素不能按照效率高低在不同部门或企业间进行配置，使得大量资本进入效率低下的部门或企业，而效率更高的部门或企业出现融资难、融资贵等问题，造成资本价格扭曲。这将影响不同技术创新模式的成本与收益预算，使得部门或企业难以做出最优的技术创新模式选择。本研究的另一个重要目标便是深入分析金融资源错配的不同形态和程度对创新主体技术创新模式选择的具体影响，以便为有针对性地提出指导性政策意见奠定坚实的理论基础。

（3）明确技术创新模式选择扭曲所造成的生产效率损失大小

金融资源错配的直接经济后果便是导致创新主体技术创新模式选择的扭曲，而在"科技是第一生产力"时代背景下，技术创新模式选择的扭曲必然使得经济主体生产效率远离其生产可能性边界而造成效率损失。那么，因金融资源错配所导致的技术创新模式选择扭曲又将造成多大程度的生产效率损失呢？本研究的第三个目标便是明确技术创新模式选择扭曲所造成的生产效率损失大小。

（4）提出建设性政策建议

如何顺利实现创新驱动发展战略及其具体的"三步走"战略目标，以期尽快将我国建设成为科技创新世界强国是目前摆在各级政府与部门面前的一项艰巨而棘手的任务，并没有现成经验可以借鉴。基于所得结论，本研究最后从如下几个方面提出相关政策建议：①针对不同的金融资源错配形态和错配程度，如何制定行之有效的有针对性政策来降低金融资源错配程度，进而达到优化金融资源配置、提高金融资源配置效率之目的；②当金融资源错配不可避免时，又将采取何种其他政策措施以积极引导创新主体做出正确的技术创新模式选择，并进一步将效率损失降低到最低程度。

## 1.5 创新之处与可能的不足

### 1.5.1 创新之处

本研究以金融资源错配这一现实普遍存在的问题为出发点和切入点，基于金融资源错配势必扭曲技术创新模式选择进而造成生产效率损失这一基本假设，分析我国金融资源错配可能存在的各种形态并对其错配程度进行测算，并据此进一步分析不同金融资源错配形态和程度对技术创新模式选择的影响及其所造成的效率损失，在研究内容和学术思想上均具有一定的创新意义。

（1）研究内容创新

一方面，基于信息论中的熵理论提出了更切合我国现实国情的银行信贷资源错配程度测算方法。虽然诸多国内外学者基于生产效率损失法、间接法、资本成本法、偏离度法等对银行信贷资源在我国不同地区、不同行业和不同企业间的错配程度进行了测算并得到诸多有益的结论，但是有些方法及其所使用的样本数据过于陈旧而难以有效衡量近些年来我国金融资源错配程度动态演化特征，且有一些方法过于笼统而难以真实反映导致我国金融资源错配的深层次原因，更无法为如何有效降低我国金融资源错配程度提供指导性意见。相比较而言，本研究在构建金融资源错配程度测算模型时，不仅充分考虑我国金融资源错配主要源于"二元"所有制经济结构和金融资源配置的政府主导型特征，而且还秉承了"金融资源不能按效率均等原则在不同主体间进行合理配置是金融资源错配之表象"理念。借鉴信息论中的"熵"这一基本概念，本研究构建了我国银行信贷资源错配程度测算模型，并据此对各地区银行信贷资源错配程度进行测算，这更能反映导致我国金融资源错配的深层次原因及其错配程度的大小。

另一方面，本研究对我国证券市场股权融资错配形态进行分析并提出错配程度测算方法。银行、信贷、保险是现代金融的三大支柱，虽然我国保险市场份额相对较小，但近些年来证券市场的快速发展使得证券市场股权融资在我国金融资源配置中的重要性日趋明显。然而，迄今为止，笔者尚未发现有对我国证券市场股权融资错配进行研究的相关文献。本研究不仅对我国证券市场股权融资错配的表征进行了统计分析，更进一步提出了证券市场股权融资错配程度的测算方法，有效丰富了这一领域现有研究成果。

(2) 学术思想创新

一方面，基于资源错配势必扭曲创新主体技术创新模式选择这一理念，深入剖析银行信贷和证券市场资源错配对技术创新模式选择的差异性影响。银行信贷和证券市场是目前及今后很长一段时间内实现我国金融资源配置的最主要渠道，虽然金融资源错配会产生一系列不良经济后果，且已经有部分学者对金融资源错配如何影响企业技术创新问题进行了初步探讨，但目前的相关研究成果甚少且全部是探讨银行信贷资源错配如何影响企业技术创新问题。现有研究成果不仅缺乏对银行信贷资源错配如何影响企业技术创新的深入分析，更没有对证券市场资源错配如何扭曲我国技术创新模式选择进行研究的相关文献。本研究不仅深入分析了银行信贷资源错配对地区技术创新模式选择的重要影响，而且还深入分析了证券市场股权融资错配对地区技术创新模式选择的具体影响，在学术思想上具有重要的创新意义。

另一方面，基于技术创新模式选择扭曲必然导致生产效率损失这一思想，揭开金融资源错配降低经济主体生产效率之"黑箱"。虽然已有学者对金融资源错配影响经济主体生产效率问题进行了探讨，但现有研究成果在以金融资源错配为逻辑起点、以生产效率为逻辑终点的研究过程中，将金融资源错配如何降低企业生产效率进行"黑箱化"处理。本研究基于金融资源错配势必扭曲技术创新模式选择、技术创新模式选择的扭曲必将带来生产效率损失这一假设展开，不仅在一定程度上揭开了金融资源错配降低经济主体生产效率的"黑箱"，而且开启了这一领域研究的新思路。

### 1.5.2 可能的不足

虽然本研究在研究内容和学术思想上具有一定的创新价值，但囿于个人能力及微观经济主体数据的可得性，本研究可能在如下两个方面存在一定的缺陷与不足：①限于微观企业数据可得性，部分研究结论只能依赖省级综合数据而获得，一定程度上降低了研究结论的权威性和可信度。虽然整体等于部分之和，但忽略微观企业的个体异质性而以省际数据为代表来讨论金融资源错配对技术创新模式选择的影响，不仅无法充分反映金融资源错配对异质性微观企业技术创新模式选择的差异性影响，而且还可能会使研究结果产生一定的偏差，进而降低研究结果的可行度。②仅对证券市场股权再融资的错配现象和程度进行分析与测算，研究内容有待进一步完善。虽然近些年来，证券市场股权再融资规模越来越大，使得股权再融资错配会对证券市场资源错配产生重要影响，但在我国目前继续实行企业 IPO 核准制和退市制度尚未完全实施的背景下，企业 IPO 的现象可能更普遍、错配程度可能更严重。然而，因这项研究工作任务非常繁重，且个人精力和时间有限，目前尚未对这项工作展开完整的研究，使得本研究内容有待进一步丰富和完善。

# 第二章 文献综述

自 20 世纪初美籍奥地利经济学家熊彼特在《经济发展理论》一书中提出创新概念以来,技术创新问题备受理论界与实务界关注。根据内生经济增长理论,技术进步是经济长期增长的内在持久动力,由此引发大量国内外经济学家对技术创新影响因素、技术创新路径、技术创新模式及其对经济增长的影响等多个方面进行广泛而深入的研究。技术创新首先需要研发资金的投入,且不同技术创新模式选择在所需投入的 R&D 资金数量、研发风险及其未来的收益等方面均存在巨大差异。当一国或一经济体的金融资源不能按照效率均等原则在不同企业或部门间进行有效的配置时,或者当金融市场不能充分发挥其应有的资源配置优化功能时,市场资本价格将被扭曲、资本价格信号将失真,企业进行技术创新时的成本与收益核算也将受到影响。不仅如此,金融市场应有资源优化功能的丧失还常常容易导致其风险分散与收益评估功能的紊乱,从而直接影响创新主体做出最优的技术创新模式选择,进而对生产效率带来不利影响。基于此逻辑,本章从金融资源错配的成因和金融资源错配程度测算这一最根本性问题出发,首先对有关金融资源错配基本问题的现有研究成果进行综述,其次再对现有关于金融资源配置影响企业技术创新的相关成果进行整理,最后再从技术创新模式选择与生产效率之间的相互作用关系角度对现有国内外研究成果进行梳理与概括。在此基础上,进一步对现有国内外研究在这一领域中所存在的缺陷与不足进行评述,并指出该领域尚有待进一步深入探讨和研究的诸多相关问题。

## 2.1 金融资源错配相关研究

金融资源错配属于资源配置效率理论范畴。根据帕累托最优资源配置原理可知,在完全市场竞争体制下,金融资源应遵循效率均等原则在不同企业或部门间进行合理的配置，使得那些效率最高的企业或部门获得最多的金融资源，效率次之者获得较少的金融资源，而那些效率最低的企业或部门获得最少的金融资源[①]。由于金融资源是社会资源的核心，金融资源的合理流动将带动知识、劳动、技术等其他生产要素在不同企业或部门间的优化配置，最终实现生产效率和社会福利的最大化。然而，当金融资源不能按照效率均等原则进行合理配置而出现金融资源错配现象时，这将不仅会扭曲资本市场价格信号，而且还会导致金融系统风险分散与收益评估功能的紊乱，从而严重阻碍创新主体做出最优的技术创新模式选择，并对社会经济发展的各个方面产生扭曲和不利影响。那么，是什么导致了金融资源错配现象的产生？我国金融资源错配的程度又该如何测算？考虑到金融资源错配所引发的不良经济后果与其错配程度密切相关，于是下文从金融资源错配成因与金融资源错配程度测算两个方面对现有相关研究成果进行梳理与综述。

### 2.1.1 金融资源错配成因探究

政府干预、利率非市场化、金融体制固有的缺陷等是引致金融资源出现错配的重要影响因素，虽然现有单纯对金融资源错配产生的原因进行具体研究的文献很少，但诸多学者在对金融资源错配相关问题进行研究时，指出了我国金融资源错配普遍存在的种种客观原因。Huang（2003）认为，我国政府在构建金融体系时遵从政治性主从次序，政府给予国有企业更多的信贷关照，使得民营企业在获取银行信贷时遭受所有制歧视；加上民营企业在规模上小于国有企业和外资企业，在获取银行信贷时又面临规模歧视。所有制歧视和规模歧视的存在割裂了我国金融市场的整体性和完整性，在金融资源配置政府主导型特征影响下，使得本属于同一经济体的企业因所有制和规模差异而面临不同的信贷融资能力，造成金融资源错配局面的出现。靳来群（2015a，2015b）不仅发现所有制歧视所带来的融资成本扭曲是造成我国金融资源错配的重要原因，而且还对所有制歧视如何导致金融资源错配的两条途径进行了深入剖析。陈力为等（2015）在基于我国工业企业大数据面板模型来分析金融资源错配和结构性研发

---

① MAS-COLELL A，WHINSTON M D，GREEN J R. Microeconomic Theory [M]. 上海：上海财经大学出版社，2006.

投资短缺对企业绩效影响时指出,地方政府干预下的预算软约束、利率非市场化和我国金融制度现存的各种缺陷是导致我国出现严重金融资源错配的重要原因。由于我国金融市场尚不健全,使得银行系统成为我国金融资源配置的最主要渠道,而我国银行主要是通过信贷资金配置来完成和实现金融资源的配置,如果银行信贷资金出现错配将直接导致我国金融资源配置的低效。余雪飞等(2013)在分析"二元"银行信贷资源错配下的金融加速器效应时发现,尽管我国经过多年的改革开放,但企业主体的"二元"所有制经济结构特征始终存在,这种"二元"所有制经济结构的普遍存在自然容易导致"二元"所有制的银行信贷资源错配。特别是在2009年推出的4万亿救市计划后,一方面是国有企业资金盈余明显、"另类投资"套利分红、享受利息减免及贷款延期等变相优惠服务;另一方面是民营企业融资难、高息借贷普遍。鞠市委(2016)在研究我国金融资源错配及其影响时指出,我国银行信贷市场存在严重的信息不对称,使得企业自有财富效应在银行信贷配置中的作用凸显。而2009年的刺激计划及其所伴随的预算软约束、政府隐性担保和政府直接财政补贴等一系列行为扭曲了企业风险收益特征,使得以自有财富效应为特征的银行信贷资源被配置到一些低效甚至无效的行业,从而出现明显的金融资源错配行为。

在金融资源行业间错配研究方面,Midrigan等(2010)和Larrain等(2012)均发现金融摩擦会导致资本在不同部门或不同产业间的错配。在对我国金融资源行业间错配现象进行研究时,战明华(2015)指出,银行信贷渠道的强化将会导致资本在我国行业间的错配,紧缩性的货币政策会明显放大这一错配效应,而企业的国有属性强化了银行信贷渠道的信贷资源错配效应。

### 2.1.2 金融资源错配程度测算

金融资源错配概念源于资源配置效率理论。Samuelson(2005)认为资源的稀缺性是经济学存在的原因,资源的稀缺与需求的无限性导致资源配置效率问题。作为核心资源之一,金融资源的流动将会带动知识、技术、劳动等其他生产要素的流动,不仅金融资源配置在社会资源配置中占据主导性地位,而且金融资源配置效率的高低也将直接影响我国资源配置效率的总体水平。正如Case(1965)所指出,企业对金融资源的需求能否得到满足将直接决定其未来能否发展。根据资源配置优化理论可知,为了实现金融资源配置的帕累托最优,金融资源应不断从效率低下的企业或部门流出并流向经营效率更高的企业或部门，最终实现有限而稀缺的金融资源按照边际效率均等原则在不同企业或部门间进行配置。

金融资源错配是指金融资源配置出现非效率状态或对效率不敏感，那些效率低下的企业或部门占有更多的金融资源，而那些效率更高的企业或部门却难以得到有效的金融支持。Song等（2011）及袁志刚等（2010）的研究均表明，国有企业和民营企业在生产效率和融资能力方面的差异已经达到令人震惊的程度，国有企业资本收益率仅为民营企业的一半左右，而其所获得的银行信贷和政府资助占投资总额的比重却在民营企业的3倍以上。Allen等（2005）也指出，虽然我国民营经济在国民经济中的重要性不断提升并逐步发展成为推动我国经济发展的主力军，但我国大部分银行信贷却流向了效率更低的国有企业，银行信贷歧视现象明显。学者尽管对金融资源错配概念已经取得较为一致的意见，但在对金融资源错配程度的度量方面却尚未取得一致性意见。目前，对金融资源错配程度的测算既包含了对我国金融资源错配整体水平的测算，也包含了对地区与地区、行业与行业及企业与企业之间错配程度的测算，所采用的方法大致可以分为如下几类：基于Wurgler（2000）的投入产出弹性模型的敏感度分析法、生产效率损失法、资本成本法和债务融资比重偏离度法。

在对金融资源错配程度的测算过程中，Wurgler（2000）所提出的投入产出弹性模型敏感度分析法得到了广泛运用。李青原等（2013）利用该模型在研究金融发展对地区资本配置效率的具体影响时发现：金融发展促进了中国地区实体经济资本配置效率的提升，但地方政府对信贷决策的干预会阻碍金融系统对中国地区实体经济资本配置效率功能的发挥。王钰等（2015）基于Wurgler（2000）模型对政府干预如何影响银行信贷价格与信贷数量进行研究时发现，地方政府干预对信贷数量配置效率的影响不显著，但政府干预会损害银行信贷价格配置效率水平。刘斌斌等（2017）基于Wurgler（2000）所提出的模型对金融结构差异如何影响地区信贷资金配置效率进行研究时指出，我国银行信贷价格配置效率较高，但在信贷资金的数量配置上仍缺乏效率。

金融资源错配的直接后果便是导致金融市场资本价格信号的扭曲，使得金融资源不能按照市场价格机制在不同企业或部门间进行配置，最终造成全要素生产率的损失。基于资源错配必然造成全要素生产率（TFP）损失之理念，

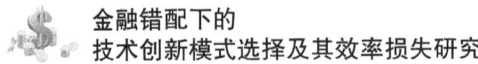

Aoki（2009）、Hsieh 等（2009）、Bartelsman 等（2013）、Brandt 等（2013）及 Midrigan 等（2014）分别对不同国家、不同地区和不同行业间的资源错配程度进行了测算。Aoki（2009）在对行业内企业做出同质性假定前提下，提出了行业间资源错配程度的度量方法。陈永伟等（2011）利用该方法重新测算了我国制造行业间的要素扭曲系数并对错配程度进行了测算，他们发现因资源错配造成了我国制造业的实际产出相对于潜在产出15%的缺口。Hsieh 等（2009）则在企业异质性假设下，对行业内企业资源错配程度进行了测算。邵宜航等（2013）利用该方法来计算我国整体水平的资源错配程度时发现，资源错配造成我国全要素生产率损失达200%以上。Midrigan 等（2014）和 Moll（2014）则重点研究了因金融市场摩擦所导致的金融资源错配程度大小，但因金融市场摩擦不是引起我国金融资源错配的根本性原因，该方法很少用于测算我国金融资源错配程度大小。靳来群（2015）在综合 Hsieh 等（2009）和 Brandt 等（2013）研究成果基础上，对我国因所有制歧视所造成的金融资源错配程度进行了测算，他指出，如果能消除金融资源配置的所有制歧视，我国制造业全要素生产率将会提高50%左右。

政府干预、所有制歧视、利率非市场化或金融体制等原因所造成的金融资源错配，所体现出来的特征均表现为：不同经济主体在获取金融资源时不能按照效率高低原则来进行。在我国"二元"所有制经济结构特征影响下，鲁晓东（2008）指出：国有企业和民营企业不对称的融资能力是现阶段我国金融资源错配的集中体现。在融资能力方面，Allen 等（2005）、Dollar 等（2007）、Song 等（2010）均发现我国的国有企业和民营企业在生产效率和融资能力方面的差异已经达到令人震惊的地步。卢峰等（2004）发现我国金融部门存在严重的漏损效应，私有部门的金融资源大多从效率低下的国有部门的漏损获取。当从融资规模差异的角度来测算我国金融资源错配程度时，鞠市委（2016）基于国家统计局官方网站中的工业调查年度数据对金融资源错配程度进行了测算，他提出可以用民营企业债务融资额比重除以民营企业产值比重与1的偏离度来衡量金融资源在国有与民营这两种不同控股权性质企业之间的错配程度，偏离度越高说明金融资源错配越严重，反之则错配程度越低。当基于不同经济主体获取金融资源的成本差异来测算金融资源错配程度时，大多借鉴 Chari 等（2007）、Hsieh 等（2009）和 Song 等（2010）所提出的资源错配定义，即金融资源错配程度等于经济单位资本成本程度与社会平均资本成本程度的偏离度大小。运用该定义来测算我国金融资源错配程度的有邵挺（2010）、戴静等（2013）、周煜皓等（2014）和成力为等（2015）。

考虑到我国证券市场、保险市场等其他金融市场尚不健全，银行系统在未来很长一段时间内仍将是我国金融资源配置的主要渠道。在这样的金融体系背景下，为了充分反映金融资源配置政府主导型特征给我国金融市场资源配置所带来的不利影响，鲁晓东（2008）提出用四大国有银行贷款占银行总信贷的比重和国有商业银行的存贷比这两个指标来衡量我国的金融资源错配程度。

## 2.2 金融资源配置影响企业技术创新相关研究

### 2.2.1 金融发展促进企业技术创新

熊彼特早在1912年就提出，金融发展的本质是金融系统能帮助企业家进行创新活动。由此可见，金融部门的发展应不断完善自身功能、实现金融资源的优化配置并积极参与到企业技术创新的各个环节中，否则将会出现金融资源配置低效甚至无效的结果。King等（1993）进一步指出，金融发展应该为技术创新提供筛选企业家、融资、帮助企业家分散风险和对创新活动预期收益进行估值等功能。白钦先等（2006）将金融功能划分为4层，分别为基础功能、核心功能、扩展功能和衍生功能，其中基础功能主要包括服务功能和中介功能，核心功能为资源配置功能，扩展功能主要指对经济的调节功能和对风险的规避功能，衍生功能则包括资产重组、公司治理、资源再配置、信息生产与分配及风险分散等功能。Audretsch等（2004）则认为企业的技术创新不会自发进行，而是由企业家在对各种新知识或新技术进行筛选组合并成功融资后才进行的活动。由此可见，金融的资源配置功能和风险甄别与规避功能对企业技术创新尤为重要，任何一种功能的丧失都将导致金融发展与实体经济技术创新之间适应性的偏差。Philipper（2010）发现融资短缺增加企业长期创新投入风险，进而减少企业长期创新研发投入。孙伍琴等（2013）在研究金融发展对我国技术创新影响时发现，金融发展有利于我国技术创新水平提升，但相对于西部地区而言，金融发展对东、中部地区技术创新的促进作用更明显。李林汉等（2017）

在研究金融发展效率对技术创新影响时指出，金融发展效率促进我国技术创新的门限值为88.61%，高于这一门限值时，金融发展效率将促进企业技术创新，否则将会起到抑制作用。黎杰生等（2017）在研究金融集聚对技术创新的影响时指出，金融集聚对技术创新的影响具有行业异质性，银行和保险业集聚有利于促进技术创新，而证券业集聚将会抑制技术创新活动的产生。除此之外，对金融发展如何影响技术创新行为的现有研究成果还包括 Li（2011）、Ilyinal 等（2011）和李苗苗等（2015）等大量文献。

### 2.2.2 金融资源错配阻碍技术创新

金融资源错配是指金融资源配置不能按照效率均等原则在不同企业或部门间进行配置。一方面，金融资源错配势必扭曲金融市场价格信号，造成企业家对技术创新成本、预期收益及风险预测与评估的误判；另一方面，当金融资源不能按生产效率差异在企业间进行配置时，那些具有技术创新优势的企业必然难以获得足额资金投入研发，造成技术创新主体研发投入的融资约束，进而对创新主体的技术创新产生不利影响。

虽然对金融发展如何推动技术创新的相关研究成果已经颇为丰富，相比之下，研究金融资源错配如何抑制企业技术创新的研究尚有待进一步深入。根据中国知网数据库统计，迄今仅有少数几篇 CSSCI 刊物的文章对金融资源错配如何影响企业技术创新进行了相关研究。基于两厂商模型和委托代理理论，戴静等（2013）在分析金融资源错配和所有制结构差异对创新主体技术创新影响时指出，金融资源错配会加剧国有经济比重高的企业更偏好于通过技术引进和购买来实现技术上的创新与突破，自主创新动力不足明显。康志勇（2014）在 Gorodnichenko 等（2010）基础上构建出金融资源错配影响企业技术创新的理论模型，并对其进行实证检验后发现，中国金融市场普遍存在的金融资源错配严重抑制了企业创新活动，导致我国金融市场规模的快速发展对企业技术创新的正向促进功能无法得到充分发挥。王昱等（2014）基于 Aghion 等（2010）方法进行研究后发现，资本错配使得创新资金过度投入效率较低的国有企业中，金融风险甄别功能缺失导致的我国金融低效使得金融发展不能有效参与到企业的创新决策过程中，降低了企业最优技术创新投入规模。成力为等（2015）发现，金融资源错配释放的资本价格扭曲信号导致结构性研发投资短缺，使得企业创新投入不足。王贞洁（2016）指出，信贷歧视会促使低成本的债务资源流向部分技术创新动力匮乏的国有企业和大企业，对技术创新产生不利影响。刘任重等（2016）的研究表明，科研产出效率低下的中西部地区倾向于通过更高的科研经费占比来弥补效率低下对企业技术进步的影响，而金融资源错配的存在则进一步强化了这一效应，且在中部地区尤为明显。

## 2.3 技术创新模式选择对生产效率影响的相关研究

### 2.3.1 技术创新及其模式选择研究

创新一词最早出现在亚当·斯密的《国民财富的性质和原因的研究》中，而创新这一概念最早却是由熊彼特所提出。改革开放40多年来，我国经济经历了高速、稳定的发展，然而随着人口红利、结构红利、改革红利的不断消失，如何能继续保持经济的快速发展并屹立于世界强国之林是我国现阶段需要重点考虑的问题。早在2006年的时候，胡锦涛就在全国科学技术大会上明确指出："一个国家只有拥有强大的自主创新能力，才能在激烈的国际竞争中把握先机、赢得主动。"近些年来，随着人们对技术创新重要性认识的加深，中央政府先后在党的十八大报告、党的十九大报告中明确"科技是第一生产力"的道理，并确立创新驱动发展的宏图伟略。

在《经济发展理论》一书中，熊彼特将技术创新定义为"生产要素的重新组合"，技术创新的形式包括"引进一个新产品、开辟一个新市场、找到一种原料的新来源、发明一种新生产工艺流程和采用一种新的企业组织形式"。沿用技术创新的这一定义，国内外诸多学者对企业的技术创新模式选择进行了广泛而深入的研究。正如崔远淼（2005）在其博士论文中所指出，技术创新模式的选择是企业技术创新活动的重要内容，不同的技术创新模式选择反映了企业预期投资额、风险偏好及其内在动机。不仅如此，技术创新模式选择还是企业制定技术创新战略的核心内容，直接决定着企业经营的方向与成败[①]。然而，在国内外现有研究文献中，尚未对技术创新分类形成统一的标准，从而使得学术界对企业技术创新模式的类别并未达成共识。

---

① 崔远淼.基于企业边界视角的技术创新模式选择研究[D].上海：复旦大学，2005.

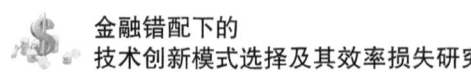

一般而言，当按技术创新对象来划分时，可以将技术创新分为产品创新和过程创新；当按技术创新的技术变动方式来划分时，可以将其分为科学技术创新和要素组合结构创新；当按英国苏塞克斯大学科学政策研究所规定的技术创新程度来划分时，可以将其分为渐进式创新、根本性创新、技术系统的变革和技术-经济范式的变革；当按技术创新的动因来划分时，可以将其分为技术推动型、需求拉动型和综合型；当按技术创新的组织方式或方法来划分时，可以将其分为自主创新、模仿创新、引进创新与合作创新等。在国内学者中，一般会按技术创新的组织方式或方法对我国技术创新模式进行划分。

自主创新的概念最早由浙江大学陈劲教授在1994年提出[1]。此后，杨德林等（1997）对自主创新进行了明确论述，认为自主创新是指企业依靠自身力量独自研究开发，进行技术创新的活动。万君康（2000）、周寄中等（2005）及毛蕴诗等（2006）则通过对模仿创新与自主创新的比较来界定自主创新的内涵，洪银兴（2010）强调自主创新是自主知识产权的创新。相比之下，笔者则更倾向于认为：自主创新是相对于技术引进、模仿而言的一种创新活动，它要求企业依靠自身的力量独立完成创新的一系列工作，技术创新所需资源由企业投入，企业对创新独自进行管理和运作；模仿创新是指主体通过学习模仿率先创新者的方法，引进、购买率先创新者的核心技术和秘密，并以此为基础进行改进再创新的过程[2]。由于不同创新模式在预期研发投入、研发周期、研发收益的风险大小与不确定性、研发成果的经济外部性等方面均存在较大差异，创新主体选择何种具体模式进行技术创新，在很大程度上取决于其对自身优势和劣势所进行的细致考量，故而在市场竞争环境下，企业选择何种技术创新模式是其均衡博弈的结果。基于此逻辑，彭纪生等（2003）从经济效益的角度建立了自主创新与模仿创新的博弈模型，认为我国应更多采取模仿创新实现企业技术进步。刘和东等（2007）基于罗默的领导者-跟随者模型在对我国企业最优技术创新模式选择进行研究时，也得到类似结论。高广阔等（2012）基于Maynard（1974）的进化博弈理论对企业技术创新模式选择问题进行研究时指出，企业

---

[1] 陈劲.从技术引进到自主创新的学习模式[J].科研管理，1994（2）：32-34，31.
[2] 陆玉梅，田野.基于演化博弈的企业自主创新与模仿创新模式选择研究[J].科技管理研究，2008（6）：25-27.

对自主创新和模仿创新的选择依赖于其自身知识、技术和资本存量,当自主创新的成本过高而模仿创新成本很低时,企业将倾向于选择模仿创新策略。汤吉军(2012)的研究结果表明,当考虑到自主创新沉淀成本效应时,国有企业相对于非国有企业而言更不愿意进行自主创新,而是更倾向于采取模仿或引进的技术创新策略。龚传洲(2012)指出,当企业技术创新过程中面临风险与收益不匹配时,企业技术创新极易失败,技术创新过程中的关键问题在于对创新风险的管理。蔡翔等(2013)运用两阶段模型分析了我国中小企业自主创新与模仿创新博弈,并结合演化博弈动态分析了在影响创新收益参数取值范围不同的条件下,企业自主创新与模仿创新的选择过程。李士梅等(2015)基于Hoppe等(2005)的终止博弈模型对不同企业间的自主创新行为策略进行博弈分析时发现,如果政府在企业自主创新时给予一次性直接补贴或阶梯式补贴,具有后发优势的等待博弈将转化为抢先进入博弈,政府可以采取不同策略组合激发企业自主创新潜力和动力。

### 2.3.2 我国自主创新不足成因分析

近些年来,虽然我国先后制定了一系列鼓励技术创新的发展战略和政治纲领,企业在国家创新体系中的主体地位已经得到确定、创新能力也得到明显提高,但相对于外国企业而言,我国企业基于自主创新的国际竞争力并不显著[1]。根据科技部的研究显示,我国在关键技术上的自给率较低,对外技术依存度仍在50%以上。

由于企业自主创新动力不足将直接影响国家的自主创新能力和国际竞争力水平,对我国企业自主创新不足问题成因的研究已经引起了国内诸多学者的关注。冯雁秋(2000)认为,我国企业自主创新动力不足的根源在于后发优势的存在加大了技术创新的机会成本,使其更加倾向于对现有技术的引进和改造而不是进行自主创新。张小蒂等(2001)指出,我国企业之所以出现自主创新能力不足,一是因为企业在社会创新中的主体地位不明确,企业技术创新投入在社会总投入中的比例过低,二是因为技术创新具有很强的正外部性,这种正

---

[1] 李树培. 我国企业技术自主创新动力不足:原因与对策的博弈分析[J]. 南开经济研究,2009(3):116–127.

外部性难以有效内部化为投资收益,削减了企业技术创新的积极性。袁泽沛等(2002)认为,企业自身创新能力薄弱、科技意识淡薄、技术创新行为短期化是国有企业自主创新能力不足的主要因素。陈华(2006)发现,我国一些国有大型企业因受到政府保护而缺乏自主创新的市场激励,与外国企业的技术差距较大容易导致这些企业过分依赖技术引进,从而渐渐失去自主研发能力。范红忠(2007)则认为,有效需求规模大小对一国研发投入有着重要的影响,收入差距过大是我国自主创新动力不足的重要因素。高帆(2008)指出,要素价格扭曲是制约自主创新能力提升的关键因素,要素价格被低估将减少企业自主创新投入动力。汤吉军(2012)则认为,国有企业在进行自主创新决策时会考虑沉淀成本,使得在现有经济体制下的国有企业不愿意进行自主创新活动。

### 2.3.3 技术创新模式对企业效率影响研究

模仿、引进、合作与自主创新是企业技术创新的几种主要模式,技术创新模式的不同将会影响企业效率。国外已有大量文献从理论与实证角度对企业技术创新效率问题进行了研究,其中不乏对企业不同创新模式如何影响企业效率的相关文献。在模仿创新方面,相对于自主创新而言,模仿创新不仅具有巨大的成本优势,而且模仿者通常不需要在研究与开发、专利、培训和技术服务上投入大量资金[1]。更为重要的是,模仿者能够在创新者产品开发和市场努力的基础上,通过改进产品从而超越创新者;因创新者并不能总是采取正确的战略,这为模仿者提供了发现市场、改进产品设计并更好地满足消费需求的机会[2]。模仿创新对企业成本与效率的影响不仅得到充分的理论论证,而且也得到实证数据的支持。Mansfield 等(1981)运用美国化学、医药、电子和机械 4 个产业中的 48 个产品创新数据研究发现,平均而言,产品模仿成本仅为创新成本的 65%,模仿产品所花费的时间仅相当于创新该产品所花费时间的 70%[3]。

---

① FREEMAN C, SOETE L. The economics of industrial innovation [M]. 3rd ed. London: MIT Press, 1997.
② SHANKAR V, CARPENTER G S, KRISHNAMURTHI L. Late mover advantage: how innovative late entrants outsell pioneers [J]. Journal of marketing research, 1998, 35(1): 54–70.
③ MANSFIELD E, SCHWARTZ M, WAGNER S. Imitation costs and patents: an empirical study [J]. Economic journal, 1981, 91(364): 907–918.

Shankar 等（1998）运用美国医药业中 13 个品牌的历史数据研究发现，创造性模仿者能够阻碍创新领先者的市场扩散并超越领先者，而非创造性模仿者只能拥有较小的市场份额。

关于技术引进，Pillai（1979）认为，技术引进会挤出企业自主研发，从而造成本国对其他国家的技术依赖，降低企业自主创新的积极性[①]。Bettis 等（1992）也认为，当企业对外部技术形成较大依赖，一旦对外部技术引进下降，企业正常的技术进步将会受到阻碍[②]。Berchicci（2013）认为，技术引进对企业创新能力的提升存在门限值，如果企业引进外部技术的量超过这个门限值，就会降低企业的创新产出水平[③]。

在国外研究中，除了模仿创新与技术引进外，合作创新对企业效率的影响也受到较高程度的关注。Amir 等（2003）认为，在缺乏知识产权保护制度背景下，创新的公共产品属性和外溢效应会削弱企业自主创新激励程度，而合作创新可以使知识创新溢出内部化，从而促进合作者加大知识创新投入。Das 等（2000）指出，合作创新不仅可以内部化知识溢出效应，而且还可以在合作者之间分散创新风险和成本，通过企业之间的资源整合产生规模经济效应和协同效应，使得合作创新成为企业技术创新的重要方式。Belderbos 等（2004）、Faems 等（2005）、LÖÖf 等（2002）及 LÖÖf（2009）在运用不同国家企业数据进行实证检验时，均发现合作创新对劳动生产率具有显著的正向影响。

在国内研究中，虽然诸多学者对模仿创新与技术引进相关问题的研究成果较多，但就技术创新模式差异对企业效率影响的研究较少。Zhou（2006）运用中国 298 家企业调研数据，并按产品创新程度将其分为自主创新和模仿创新两个子样本，实证结果显示：自主创新比模仿创新更有利于企业效率的提升。吴延兵等（2011）单独探究了独立创新、合作创新和模仿创新 3 种不同创新模式对企业效率的影响，结果发现合作创新企业的效率最高，模仿创新企业效率

---

① PILLAI P M. Technology transfer, adaptation and assimilation [J]. Economic and political weekly, 1979, 14（47）: 121-126.

② BETTIS R A, BRADLEY S P, HAMEL G. Outsourcing and industrial decline [J]. Economic and political weekly, 1992, 6（1）: 7-22.

③ BERCHICCI L. Towards an open R&D system: internal R&D investment, external knowledge acquisition and innovative performance [J]. Research policy, 2003, 42（1）: 117-127.

次之，而实行独立创新的企业效率最低。董晓庆等（2014）在对国有企业技术创新效率进行研究时发现，国有企业技术创新效率显著低于民营企业，而寻租则是造成国有企业技术创新效率低下的主要原因。林青宁等（2020）在研究技术引进对企业科技成果转化效率影响时指出：①在不考虑门槛效应情况下，技术引进对涉农企业科技成果转化效率无显著影响；②当引进技术阶段经费质量吸收能力处于（0.643,0.796］区间、吸收技术阶段人才质量吸收能力处于（0.184,0.227］区间、中试生产阶段中试生产吸收能力大于门槛值5.011时，技术引进才能显著提高涉农企业科技成果转化效率[①]。

## 2.4 文献评述

一方面，国内外诸多学者对金融资源配置如何影响企业技术创新进行了深入而广泛的研究，为本研究奠定了坚实的基础；另一方面，随着学者对金融资源错配研究的逐渐深入，虽然已有部分学者对金融资源错配的定义、成因和程度测算等进行了初步的探讨，但仍有诸多相关问题有待进一步深入研究。具体表现在如下几个方面。

（1）金融资源错配形态分析有待开启、错配程度测算有待进一步完善

在金融资源错配形态方面，众所周知，银行、证券和保险是现代金融体系的三大支柱。虽然由于历史性原因，银行系统在我国金融资源配置过程中长期发挥主导性作用，但随着近些年来我国证券市场的快速发展，证券市场在我国金融资源配置中的重要性日益凸显。可以预见，随着我国证券市场工具的不断完善及企业上市审批由当前的核准制向注册制过渡的逐步完成，证券市场在我国金融资源配置中的地位将进一步增强。遗憾的是，虽然已有国内外学者对我国银行信贷资源错配的表征、成因及其程度大小进行了富有成果的研究与探讨，但据笔者所知，除靳来群（2015）等对我国东部和中西部地区及国有和民营企业之间的金融资源错配程度进行了对比分析外，迄今鲜有对证券市场资源配置效率高低或其错配问题进行分析与研究的相关文献。由此可见，为了积极

---

① 林青宁，毛世平. 技术引进对涉农企业科技成果转化效率影响：基于三阶段吸收能力的视角［J］. 科技管理研究，2020，40（22）：62-67.

响应"要使市场在资源配置中起决定性作用""强化资本市场对技术创新的支持"的改革目标,有必要开启对我国证券市场金融资源错配形态及其程度大小问题的研究。

在金融资源错配程度测算方面,虽然诸多国内外学者基于生产效率损失法、间接法和资本成本法等方法对我国银行信贷资源错配程度进行了测算,但这些方法的合理性及适用性有待进一步商榷。具体表现在如下几个方面:①囿于微观企业数据的可得性,基于生产效率损失法对我国银行信贷资源错配程度的测算难以进行有效的复制,实用性受限。虽然诸多学者基于生产效率损失法对我国银行信贷资源错配程度进行了测算,但这些研究均是以"中国工业企业数据库"中 2007 年以前的企业调查数据为基础来进行的,且很多参数都采用外生给定形式给予限定。过于陈旧的数据样本使得对金融资源错配程度的测算结果无法充分反映现阶段我国银行信贷资源错配的实际情况,诸多参数指标的外生给定进一步降低了测算结果的可信程度。②基于间接法的金融资源错配程度测算结果可信度有待考究。随着近些年来越来越多的股份制银行、城商行及中小银行的不断出现,以四大国有银行的资本份额或市场份额大小来间接反映金融资源错配程度大小,其代表性与合理性有待进一步商榷。③与生产效率损失法类似,以资本成本法来测算我国银行信贷资源错配程度大小同样面临着微观数据可得性问题,这使其适用性受到很大程度的限制。鉴于上述分析,对我国金融资源错配程度大小的测算有待进一步提出新的切实可行而又能与时俱进的新方法。否则,建立在金融资源错配程度测算大小基础上的任何研究将如海市蜃楼般脆弱,对该领域更深入的研究也难以为继。

(2)金融资源错配对技术创新模式选择的影响有待进一步完善

虽然国内外学者对金融发展如何促进技术创新进行了广泛而深入的研究,但对金融资源错配约束下的创新主体技术创新模式选择的研究尚有待完善。根据中国知网数据库的论文检索结果可以发现,目前仅有少数几篇 CSSCI 论文涉及金融资源错配与技术创新问题,且在对此进行研究的过程中存在如下问题:一方面,论文以理论模型分析为主,实证检验较少。现有的几篇研究金融资源错配对技术创新影响的文章,均仅采用静态或动态博弈模型对该问题进行了理论分析,并得到一系列相关研究结果。据笔者所知,目前尚未有对所得研究结果进行数据检验的实证分析。由此可见,对这一领域问题的研究有待进一步深入与完善。另一方面，缺乏对金融资源错配如何影响企业技术创新模式选择进行深入研究的文献。虽说目前已有少数几篇CSSCI论文对金融资源错配如何影响技术创新进行讨论，但这些论文很少对金融资源错配约束下的创新主体技术创新模式选择进行深入讨论，所选取的指标太过笼统、针对性不强，使得这一领域的可靠研究成果较为缺乏。为了真正发挥金融市场在资源配置中的基础性作用、切实增强资本市场对我国技术创新的支撑作用，对不同形态和不同程度的金融资源错配将会以何种方式并在多大程度上扭曲我国的技术创新模式选择问题的研究，仍有待进一步深入与完善。

（3）金融资源错配造成生产效率损失的"黑箱"有待进一步被揭开

对金融发展如何促进生产效率提升的研究已经取得较为丰硕的成果，但对金融资源错配将如何影响生产效率问题的研究则仍处于起步阶段。虽然赵自芳等（2006）率先对要素市场扭曲所造成的生产效率损失大小问题进行了分析，且后来的盖庆恩等（2013）、杨震宇（2015）、汪伟等（2015）及葛鹏等（2017）分别对我国的劳动力市场扭曲和金融要素市场扭曲将造成多大程度的生产效率损失进行了富有成效的探讨，但聚焦于金融资源错配对生产效率影响的研究成果少之又少，且对金融资源错配造成生产效率损失的作用机制与传导路径尚缺乏深入分析。现有的大部分研究均将要素市场扭曲如何造成生产效率损失进行"黑箱化"处理，这不仅影响研究结果的可靠性，而且使研究难以提出有针对性的政策建议。鉴于此情形，为了真正发挥技术创新对我国生产效率的提升功能，金融资源错配降低生产效率的"黑箱"有待被揭开，以便能够充分结合我国经济发展现实提出更加切实可行的政策建议供政策制定部门参考。

# 第三章 金融资源错配表征、成因及其形态分析

实现和优化资源配置是金融市场主要功能之一。合理的金融资源配置要求有限而稀缺的金融资源按照效率均等原则在不同企业或部门间进行有效的配置,从而使得金融资源源源不断地从效率低下的企业或部门流入效率更高的企业或部门,以便让那些效率更高的企业或部门获得更多金融资源,效率较低者获得较少金融资源,而效率最低者则只能获得最少的金融资源。在金融市场有效性假定下,金融资源的配置将通过金融市场来完成,并要求按照市场价格信号机制在不同经济主体间进行合理有效的配置。如果金融资源出现错配,金融市场价格信号失效,金融资产价格将被扭曲,导致金融资产在数量和价格上的错配并最终扭曲企业技术创新最优决策行为,造成效率损失。在分析金融资源错配对企业技术创新模式选择扭曲及其所带来的效率损失前,本章首先对金融资源错配的基本内涵加以界定,并对金融资源错配的表征进行介绍。在此基础上,进一步从政府干预、金融结构差异与所有制歧视3个视角对形成金融资源错配的深层次原因进行剖析。在完成从价格与数量、行业与企业2个维度对银行信贷资源错配的形态分析后,基于地区、行业和企业3个层面对证券市场首次公开发行(IPO)与股权再融资的错配形态加以分析。

## 3.1 金融资源错配内涵界定与表征分析

### 3.1.1 金融资源错配内涵界定

金融资源错配属于资源配置效率理论范畴,是相对于资源有效配置的一个镜像。为了深入理解金融资源错配的基本概念,首先需要加深对何为资源得到

有效配置的理解。因此，这里在对资源有效配置的基本概念进行阐述后，会进一步介绍金融资源错配的深刻内涵。

金融资源配置效率水平的高低属于资源配置效率问题。根据微观经济学一般均衡理论，在资源稀缺性假定下，当有限而稀缺的资源配置不存在帕累托改进时，则称这时的资源配置是有效的。反之，若现有的资源配置尚可以实现进一步的帕累托改进，则称这时的资源配置是低效甚至是无效的。那么，何为帕累托最优的资源配置呢？帕累托最优的资源配置又是通过何种途径得以实现呢？这里首先对什么是帕累托最优的资源配置模式进行介绍。

为了对核心问题描述简单起见，这里假定社会上只存在两个消费者——消费者1和消费者2，并且假定只存在两个商品 $X_1$ 和 $X_2$。进一步假设 $e^1=(e^1_1, e^1_2)$，表示消费者1所拥有的两种非负的物品禀赋，$e^2=(e^2_1, e^2_2)$，代表消费者2所拥有的两种非负的物品禀赋。因此，整个社会可利用的每种物品的禀赋总量便可由向量 $e^1+e^2=(e^1_1+e^2_1, e^1_2+e^2_2)$ 表示。再假设消费者具有一个常见的、凸性的无差异曲线图谱来表示其偏好，且随商品消费的增加而递增。在这个两人经济中，交换均衡的埃奇沃思盒如图3-1所示。

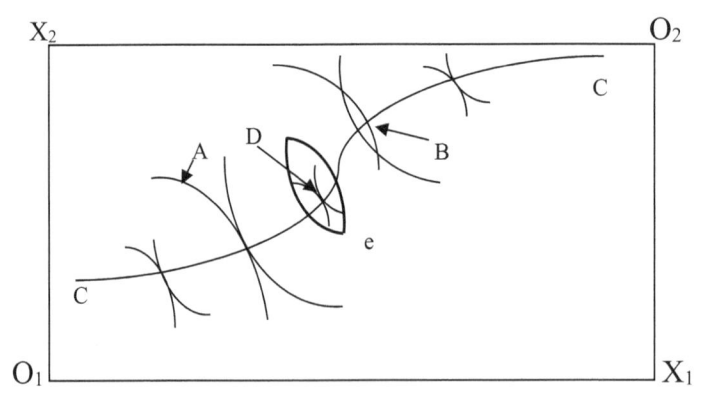

图3-1 两人经济交换均衡的埃奇沃思盒

图中，西南角是消费者1的原点 $O_1$，东北角是消费者2的原点 $O_2$；$X_1$ 的单位数用横轴进行度量，$X_2$ 的则由纵轴加以度量。消费者1的 $X_1$ 增加量通过横轴沿 $O_1$ 向右延伸加以表示，而消费者2的 $X_1$ 增加量则是通过横轴沿 $O_2$ 向左延伸来表示。同理，消费者1的 $X_2$ 增加量通过纵轴沿 $O_1$ 向上延伸加以表示，而消费者 2 的 $X_2$ 增加量则是通过纵轴沿 $O_2$ 向下延伸来表示。此外，上图中的 e 点为两人初始禀赋之和。由个人偏好的凸性和关于产品消费的递增性可知，点 A 的消费组合会受到消费者 1 的拒绝，点 B 的消费组合同样会受到消费者 2 的拒绝。因此，两人都满意的消费组合一定处于经过 e 点的椭圆形范围内，否则必将受到消费者 1 或消费者 2 的排斥而无法形成均衡。按照此逻辑，在两人进行交换后，可以实现最优的消费组合为 D 点。在该点的位置上，两人的效用曲线相切，消费者 1 和消费者 2 通过交换均获得了比初始禀赋更多的效用，我们把经过 D 点且两人效用曲线均相切的点的连线 CC 称为该交换经济的契约线。一般而言，当商品配置在不使其他人效用受损的条件下，没有任何途径使另一些人得到改善时，这样的资源配置是帕累托有效的[1]。否则，不使他人受损而使有一些人得到改善的资源配置方式是可以进行帕累托改进的。

作为社会核心资源，金融资源能否得到帕累托有效配置不仅直接影响金融资源配置效率的高低，而且还会对劳动、技术等其他生产要素的配置效率产生重要影响。根据一般均衡理论可知，只有在完全竞争的市场经济体制下按照效率均等的原则对有限而稀缺的金融资源进行配置，才能实现金融资源的帕累托有效配置，从而使得效率最高的企业或部门获得最多的金融资源，效率次之者获得较少金融资源，效率最低者获得最少的金融资源。然而，在我国金融资源配置政府主导型特征影响下，政府对金融资源配置的干预经常导致金融资源错配现象的产生。由此可见，金融资源错配是指金融系统不能按照效率均等原则将有限而稀缺的金融资源配置到那些效率更高的企业或部门，而是将其配置给那些低效甚至无效的企业或部门，造成金融资源配置的非理性或者说是错配[2]。

## 3.1.2 金融资源错配表征分析

金融资源错配的本质在于有限而稀缺的金融资源不能按照效率均等原则在不同企业或部门间进行配置，金融资源错配在不同国家或地区的表现形式有所

---

[1] 杰弗瑞, 菲利普. 高级微观经济理论 [M]. 王根蓓, 译. 上海: 上海财经大学出版社, 2002.
[2] 鞠市委. 我国金融资源错配及其影响研究 [J]. 技术经济与管理研究, 2016 (7): 80-87.

不同，在我国金融资源错配主要是源于经济结构的"二元"所有制特征及政府对金融资源配置的行政干预。

虽然我国的经济形式包括国有、民营、集体所有制、中外合资、中外合作及外商独资等多种形式，但随着我国改革开放程度的加深，集体所有制逐渐退出历史舞台。又因为无论是中外合资、中外合作，还是外商独资，这些企业均以吸引国外资本或先进生产管理经验为目的，虽然各地纷纷以财税优惠等措施努力吸引外资的进入，而且外资的进入确实为我国改革开放初期经济的发展与腾飞做出了巨大贡献，但这些并不会构成我国经济的主体部分。因此，在这样的历史演进过程中，我国逐渐形成以国有和民营企业为主的"二元"所有制经济结构。在"二元"所有制经济结构特征影响下，金融资源配置渠道的不同，导致金融资源错配呈现出不同的特征。众所周知，现代金融体系由银行、证券与保险三大行业构成，故银行、证券与保险又被称为是现代金融体系的三大支柱。因保险业务在我国金融市场中的份额仍较小，所以我国的金融资源配置目前主要通过银行和证券市场来完成。

一般而言，金融资源的配置主要通过金融产品的交易来进行。由于历史的原因，我国银行系统的金融产品仍以银行信贷为主，而证券市场则主要以企业IPO或定向增发的形式来实现社会金融资源的配置[①]。因此，我国金融资源的错配主要表现在银行信贷资金的错配与证券市场股权融资的错配两个方面。与其他产品一样，金融产品同样具有数量和价格这二重属性。因此，金融资源错配的表征主要体现在以下两个方面。

（1）金融资源数量上的错配

根据金融资源配置优化理论，有限而稀缺的金融资源应按照效率均等的原则在不同的企业或部门间进行合理配置，效率最高的企业或部门获得最多的金融资源，效率次之者获得较少金融资源，效率最低者获得最少金融资源。否则，当金融资源被配置给那些效率低下的企业或部门时，势必造成金融资源配

---

① 在我国证券市场中，企业进行融资的渠道主要有两种，即首次公开发行（IPO）和股权再融资两大类。股权再融资又包括配股、公开增发和定向增发3种，自2006年5月8日《上市公司证券发行管理办法》施行以后，定向增发基本替代了配股和公开增发而成为我国上市企业股权再融资的最主要形式。具体可参见刘斌斌（2014）。

置的低效甚至无效，这时金融资源便出现错配。在边际报酬递减规律作用下，金融资源的错配必将造成社会生产效率的损失。

在我国"二元"所有制经济结构背景下，相对于民营企业而言，国有企业因自身所具有的所有权属性优势，即便生产效率远低于民营企业，但所获得的银行信贷也远高于民营企业。正如Song等（2011）及袁志刚等（2010）的研究所发现，国有企业和民营企业在生产效率和融资能力方面的差异已经达到令人震惊的程度，国有企业资本收益率仅为民营企业的一半左右，但其所获得的银行信贷和政府资助占投资总额的比重却在民营企业的3倍以上。卢峰等（2004）也发现，我国银行信贷存在严重的漏损效应，金融资源会从享有特权的国有部门流向信贷歧视的私人部门，私人部门的金融资源大多只能从国有部门的漏损效应中来获取。虽然学者目前对中国股票融资市场金融资源错配的研究成果甚少，但戴利君等（2018）发现，中国的股权再融资同样存在严重的错配现象，我国上市企业定向增发存在严重资源错配现象，定向增发对企业盈利能力不敏感，国有企业融资需求更低，但定向增发融资规模更大。

在证券市场首次公开发行方面，我国社会金融资源在国有和民营企业间的数量错配现象同样比较明显。自1990年底深圳证券交易所成立以来，我国企业上市审批先后经历了审批制、通道制、核准制及2018年11月启动的科创板注册制4个阶段。在2000年核准制实施以前，我国大部分上市企业为国有企业或国家急需发展的部分行业里面的民营企业，其他民营企业根本没有机会获得股权融资机会。2000年核准制实施以后，随着中小板、创业板、新三板及科创板的陆续出现，虽然越来越多的民营企业有机会通过证券市场进行股权融资，但其上市企业数量和融资规模仍远低于国有企业。

（2）金融资源价格上的错配

根据市场价格机制原理，商品的价格由供给与需求决定；当供给大于需求时，价格下降；当需求大于供给时，价格上升。理论上而言，作为一种特殊的商品，金融产品的价格也应该由市场供需关系来决定。当对金融产品的需求越强烈时，价格越高；反之则越低。金融资源价格上的错配意味着金融产品对需求不敏感，或者甚至是当需求越旺盛时，价格反而越低。

在我国"二元"所有制经济结构特征影响下，我国的金融资源配置同样存在价格错配现象。在银行信贷方面，国有企业因能获得政府隐性担保、资源倾斜及政府对银行信贷决策的干预等政治关联效应而更能获得较为优惠的银行信贷支持，信贷融资成本更低①。在证券市场方面，外部融资需求越高的企业定向增发价格越低，价格对企业融资需求的不敏感同样意味着价格错配的存在性②。

## 3.2 金融资源错配成因分析

虽然各个国家的金融资源配置都存在不同程度的错配现象，且引起金融资源错配的原因也不尽相同，但我国引起金融资源错配的根本原因在于"二元"所有制的经济结构及政府对金融资源配置的干预。尽管鲜有学者专门对金融资源错配产生的原因进行探究，但纵观诸多相关研究成果可知，虽然政府金融体制固有的缺陷、利率市场化程度等均是影响我国金融资源配置的重要因素，但政府干预、金融结构差异与所有制歧视等对金融资源配置效率的影响越来越受到国内外学者的高度关注，并被认为是引致我国金融资源错配的最根本原因。

### 3.2.1 政府干预

在经济转轨时期，政府对经济的干预既是其主要制度特征，也是导致我国金融资源错配的主要原因。长期以来，政府因为经常对银行信贷决策的干预导致我国金融资源的错配而备受诟病。由于我国证券市场与保险市场发展规模仍比较有限，作为金融资源配置的主要手段，银行信贷在我国金融资源配置中长期占据主导地位。在以银行信贷为主导的金融资源配置体系中，优化金融资源配置成为银行的基本职能之一③。理论上而言，银行应该按照效率均等原则对有限而稀缺的金融资源在不同企业或部门间进行有效配置。然而，在政府的行政干预下，银行往往仅仅根据一些简单的、较为容易获取的信息来决定是否对贷款申请对象发放贷款，而不是基于对其进行深度的信息采集与调查来做出信

---

① 景麟德，李金城，顾国达.信贷所有制歧视：政治关联效应和信息释放效应［J］.中国经济问题，2018（3）：80–92.
② 戴利君，刘斌斌.控股权性质、外部融资需求与上市企业定向增发资源错配［J］.企业经济，2018，37（8）：105–110.
③ LEVINE R. Financial development and economic growth: views and agenda［J］. Journal of economic literature，1997，35（2）：688–726.

# 第三章
## 金融资源错配表征、成因及其形态分析

贷决策,这表明我国的银行信贷管理体制存在较为严重的制度缺陷,因此这就导致我国的信贷市场长期出现金融资源错配现象[①]。

在经济转轨阶段,政府通过控制审批、许可、资金、技术和其他稀缺资源的权力对经济实施调控是其主要制度特征之一,政府为了实现其政策目标,自然会对管控社会核心生产要素的金融系统进行行政干预,或者通过持有国有银行的股份参与银行的决策,或者间接地使银行对申请贷款的对象进行差异化对待[②]。虽然政府干预的经济效果可能是中性的[③],但从资源配置效率的角度看,政府干预的负面效果仍然比较明显[④]。政府对银行信贷决策的干预使得稀缺的资金被配置给那些受到政府庇护的企业,损害了那些效率更高但缺乏必要关系的企业,违背了金融资源配置效率均等化原则,造成了金融资源配置效率的损失。在这样的现实背景下,政府干预不仅降低了社会对商业精神与职业能力的追求,而且会使得企业千方百计地去建立并维持与政府的关系。在此情景下,因银行信贷更多地依赖于政府的决定或拍板,所以这就使得银行没有必要去提高自身的职业审慎与评估技术[⑤]。在金融资源稀缺性假定下,毫无疑问,政府对国有企业的信贷扶持必然会挤走民营企业的贷款来源,造成信贷市场上民营企业的银行信贷融资难、融资贵问题。特别是在政府官员晋升的政绩考核体制下,地方政府官员有强烈的动机对经济进行干预以调动一切资源服务于其晋升目标。考虑到金融资源是社会资源的核心,而银行信贷又是金融资源配置的主要渠道,这就使得银行信贷首先成为政府干预的重点对象。由于国有企业实际上面临所有者缺位问题,企业的控制权主要是由政府官员或政府委派的代理人来行使,所以大量国有企业的控制权实际上掌握在地方政府官员手中。因此,地方政府官员将更有意愿和动机把自身的政治目标内化于其对国有企业的控制

---

① 易行健,张德常. 不对称信息、简单分类、信贷约束和信贷集中共存:解释我国信贷资源配置不协调的一种新思路[J]. 财贸经济,2007(11):15-23.
② 方军雄. 所有制、制度环境与信贷资金配置[J]. 经济研究,2007(12):82-92.
③ 孙铮,刘凤委,李增泉. 市场化程度、政府干预与企业债务期限结构:来自我国上市公司的经验证据[J]. 经济研究,2005(5):52-63.
④ 钱颖一. 市场与法治[J]. 经济社会体制比较,2000(3):1-11.
⑤ 刘小玄. 中国转轨经济中的产权结构和市场结构:产业绩效水平的决定因素[J]. 经济研究,2003(1):21-29,92.

上，并通过行政手段来干预银行部门对国有企业的信贷支持[①]。

### 3.2.2 金融结构差异

毋庸置疑，政府对银行信贷的直接干预自然会扭曲银行信贷决策，甚至造成信贷资金配置的高度扭曲，使得效率更低的国有企业获得更多的资金支持，而效率更高的民营企业难以获得银行贷款，造成社会金融资源配置的低效甚至无效。但事实上，除政府干预外，越来越多的学者开始意识到地区金融结构的不完善也会对信贷资金的配置效率产生重要影响，进而造成金融资源配置的低效率。正如苟琴等（2014a，2014b）所发现，国有与非国有企业之间的信贷配给差距正逐步消失，企业自身禀赋与宏观金融环境越来越成为其能否获得银行信贷的重要影响因素。姚耀军等（2015）则指出，虽然金融发展水平的提升有利于整体推动实体经济的快速发展，但金融结构的多元化则能有效提高金融资源配置效率；由中小银行所推动的银行业结构变化显著缓解了中小企业信贷融资约束。

金融结构差异除表现在是以银行为主导还是以资本市场为主导的横向层面外，还体现在纵向层面上。我国资本市场起步较晚，使得银行信贷成为我国金融资源配置的主要方式[②]。根据一般均衡理论，垄断必然造成效率损失，完全竞争的市场结构才能实现资源配置的帕累托最优。因此，金融结构差异对金融资源配置效率高低的影响取决于银行业微观市场结构的竞争程度。当银行业市场结构竞争程度越高时，金融资源配置的效率越高；反之，则越低。在以银行为主的金融结构背景下，地区银行业竞争程度的加剧主要源自于不同类型商业银行机构数量的增加。根据银保监会分类标准，除中国人民银行外，我国现有的银行业已经形成包含大型商业银行、国家开发银行及政策性银行、股份制商业银行、城市商业银行和新型农村金融机构等 12 类银行类金融机构在内的多

---

[①] 黄轲，朱莹.银行信贷歧视是政府干预的结果吗？来自改革进程中的经验证据[J].当代财经，2020（3）：50-63.
[②] 根据中国人民银行数据统计：2018 年我国存款类金融机构所发放的中长期非金融企业及机关团体贷款金额约为 5 846 473 亿元人民币，证券市场股权融资总额约为 6827 亿元人民币，仅为银行信贷规模的 0.12% 左右。

## 第三章
### 金融资源错配表征、成因及其形态分析

元化多层级的市场结构①，且国有银行与股份制银行、大银行与中小银行等银行金融机构之间的竞争程度正逐步加剧。根据各省区市年度金融运行报告数据统计，在这些银行类金融机构中，大型商业银行、股份制商业银行、城市商业银行和农村金融机构不仅占银行机构数量1/3以上，而且在资本规模上也占到40%左右。又因各地区城商行跨区域设立分支机构自2011年起受到了更加严格的审批限制，考虑到这些银行在资产规模、经营模式及经营范围上的差异性特征，这里再进一步将上述商业银行划分为3个类别来加以分析，即大型商业银行、股份制商业银行及包括城商行和农村金融机构在内的地方性商业银行②。

虽然按照国际主流标准，国有垄断的银行体系被普遍认为是低效甚至无效的制度安排③，但相对于中小银行而言，大银行在处理信贷客户的"硬信息"方面更具优势，因此，大银行更愿意服务于大型企业并纷纷采取降息或返息的方式来巩固与大企业已经确立的银企关系。相比之下，中小银行则更多地将客户"软信息"纳入贷款决策的考量，从而使得大银行服务于大企业、小银行服务于小企业成为最优的金融结构安排[4][5]。与大型商业银行类似，各地方性商业银行则充分利用其在搜集当地企业"软信息"时的地缘优势来降低信息处理成本，从而可以有效挖掘当地中小优质客户并为其提供成本更低、期限更长的信贷资金支持。股份制商业银行则可以在全国范围内开展业务，多渠道的资金来源有利于其风险的分散，有利于其针对性地开展信贷业务。

---

① 根据银保监会分类，除中国人民银行外，我国目前银行业金融机构包括大型商业银行（中、农、工、建、交、邮政储蓄）、国家开发银行及政策性银行、股份制商业银行、城市商业银行、农村商业银行、农村信用社、新型农村金融机构、外资银行、民营银行、非银行金融机构、金融投资理财公司共12类。
② 因邮政储蓄银行2019年已被银保监会并入大型商业银行系列，而且其经营范围、经营模式及资产规模等方面均与其他大型商业银行雷同，这里将邮政储蓄银行与中、农、工、建、交一并合称为大型商业银行。
③ ALLEN F, GALE D. Comparing financial systems [M]. Cambridge: MIT Press, 2001.
④ BERGER A N, BLACK L K. Bank size, lending technologies and small business finance [J]. Journal of banking and finance, 2010, 35（3）: 724–735.
⑤ 张一林，林毅夫，龚强. 企业规模、银行规模与最优银行结构：基于新结构经济学的视角 [J]. 管理世界，2019，35（3）: 31–47, 206.

由此可见，金融结构的合理性程度对金融资源配置效率的影响至关重要。正如林毅夫等（2009）基于金融体系对实体经济发展的适应性视角所提出的新结构经济学框架下的最优金融结构理论所述，特定阶段的经济发展需要与之相匹配的最优金融结构与之相对应。虽然多元化的银行结构通过引入更有力的竞争而能更好地服务于实体经济信贷需求、提高整个银行系统的信贷配置效率，但一来中国各地区金融发展水平与金融市场化程度差异明显，使得各地区金融结构表现出明显的非均衡发展特征，二来尽管不同金融机构之间通过发展异质性客户群体、提供异质性金融服务而展开垄断性竞争，但银企之间的信息不对称始终是影响信贷资金配置效率的重要因素。

为了说明我国银行业市场结构变化情况，现将2012—2017年我国各类不同银行的资产与机构数占比情况进行统计[①]。不仅如此，这里还对反映银行业微观市场结构的资产占比集中度与机构数占比集中度进行了测算，其中集中度指数等于各类银行资产或机构数占比的平方和。所得结果如表3-1所示。

表3-1　2012—2017年我国各类不同银行的资产与机构数占比统计结果　（单位：%）

| 类目 | 2012年 | 2013年 | 2014年 | 2015年 | 2016年 | 2017年 |
|---|---|---|---|---|---|---|
| Panel A 各类银行资产占比 | | | | | | |
| 大型商业银行 | 41.62 | 39.63 | 37.75 | 35.68 | 33.88 | 33.77 |
| 股份制银行 | 18.86 | 19.16 | 19.13 | 19.07 | 19.92 | 16.39 |
| 城商行 | 10.97 | 11.42 | 12.53 | 13.67 | 14.99 | 15.86 |
| 小型农村金融机构 | 12.54 | 12.95 | 13.56 | 13.56 | 14.07 | 14.59 |
| 财务公司 | 1.05 | 1.23 | 1.39 | 2.32 | 2.32 | 2.72 |
| 邮政储蓄银行 | 3.92 | 3.86 | 4.02 | 3.80 | 3.90 | 4.76 |
| 新型农村金融机构 | 0.36 | 0.66 | 0.51 | 0.59 | 0.65 | 0.68 |
| 其他 | 10.69 | 11.08 | 11.11 | 11.32 | 10.27 | 11.23 |
| 资产占比的平方和 | 0.25 | 0.24 | 0.23 | 0.22 | 0.21 | 0.20 |

---

① 根据各地区金融运行报告中的统计资料显示，当时我国的银行体系共包括大型商业银行、股份制银行、城商行、小型农村金融机构、财务公司、邮政储蓄银行、新型农村金融机构及其他共8类。

续表

| 类目 | 2012年 | 2013年 | 2014年 | 2015年 | 2016年 | 2017年 |
|---|---|---|---|---|---|---|
| Panel B 各类银行机构数占比 | | | | | | |
| 大型商业银行 | 33.10 | 32.42 | 31.87 | 31.21 | 30.10 | 30.08 |
| 股份制银行 | 3.65 | 3.90 | 5.19 | 6.02 | 7.47 | 6.80 |
| 城商行 | 4.71 | 5.12 | 5.85 | 6.22 | 7.03 | 7.41 |
| 小型农村金融机构 | 37.66 | 37.17 | 36.25 | 35.44 | 33.99 | 34.38 |
| 财务公司 | 0.08 | 0.08 | 0.09 | 0.10 | 0.10 | 0.11 |
| 邮政储蓄银行 | 18.63 | 18.84 | 17.95 | 17.51 | 17.21 | 16.90 |
| 新型农村金融机构 | 0.66 | 0.95 | 1.27 | 1.92 | 2.36 | 2.72 |
| 其他 | 1.51 | 1.52 | 1.52 | 1.58 | 1.73 | 1.60 |
| 机构数占比的平方和 | 0.29 | 0.28 | 0.27 | 0.26 | 0.25 | 0.25 |

注：数据来自各地区年度金融运行报告，经手工处理而得。

从上表的统计结果可以看出如下基本特征。

首先，大型商业银行仍是我国银行业的主体，但其资产占比与机构占比数均出现明显下降。从上表中大型商业银行的资产占比与机构数占比可以看出，2012—2017年，大型商业银行的资产占比均超过1/3，而其机构数占比则均不超过1/3。更为重要的是，2012—2017年，我国大型商业银行的资产占比与机构数占比均呈逐年递减趋势，这意味着包含中、农、工、建在内的大型商业银行的市场份额正不断在下降，其在金融资源配置中的主导地位正逐渐减弱。

其次，股份制银行在我国银行业中的地位并未发生根本性的改变，但城商行和小型农村金融机构在我国银行业中的重要性不断得到凸显。从上表中的统计结果可以看出，2012—2017年，我国股份制银行的资产占比由18.86%下降至16.39%，并未发生根本性的改变。然而，在此期间的各地城商行资产占比却由10.97%上升至15.86%，增长了44.58%；小型农村金融机构的资产占比则由12.54%上升至14.59%。这一结果说明，具有地方特色的城商行与机构数量众多的小型农村金融机构正在不断催生我国的银行业市场结构变革。

最后，我国的银行业市场结构竞争水平正不断上升。根据微观市场结构集中度理论可知,集中度越低,说明行业竞争水平越高;反之则越低。从上表中的统计结果可知,2012—2017年,反映我国银行业竞争程度的资产集中度与机构数集中度正逐年递减。在2012年,我国银行业的资产集中度和机构数集中度指数分别为0.25和0.29,随后逐年下降至2017年的0.20和0.25,说明我国的银行业竞争程度正不断得到提升。

### 3.2.3 所有制歧视

普遍认为,我国更多的资金被配置给效率低下的国有企业而效率更高的民营企业难以获得信贷支持,或只能从国有企业的漏损效应中得到部分贷款的根本原因在于:政府对银行信贷决策的支持。正如Huang(2003)所指出,我国政府在构建金融体系时遵循政治性主从次序,政府给予国有企业更多的信贷关照,使得民营企业在获取银行信贷时遭受所有制歧视[1]。靳来群(2015a,2015b)不仅发现所有制歧视所造成的融资成本扭曲是导致我国金融资源错配的重要原因[2],而且还对所有制歧视如何导致金融资源错配的两条途径进行了深入剖析[3]。

然而,随着我国金融体制系列改革的推进,银行的商业化特征与经营活动的自主性已经得到明显增强,信贷资金已经开始逐渐实现由政府干预向按照效率高低的标准来进行贷款审批的转变,信贷资金配置效率得到明显提升[4]。作为向企业提供资金的商业银行,其在信贷决策受到政府干预的现实背景下,特别是当我国中小企业融资过程中的"麦克米伦缺口"不断放大时,在过去很长一段时间内不可避免地受到诸多指责。然而,这些指责往往是站在资金需求方的视角来看待我国银行信贷资金配置的结果,而忽略了作为资金供给方的商业银

---

[1] HUANG Y S. Selling China: foreign direct investment during the reform era [M]. Cambridge: Cambridge University Press, 2003.

[2] 靳来群. 所有制歧视所致金融资源错配程度分析 [J]. 经济学动态, 2015 (6): 36-44.

[3] 靳来群. 所有制歧视下金融资源错配的两条途径 [J]. 经济与管理研究, 2015, 36 (7): 36-43.

[4] 黄珂, 朱莹. 银行信贷歧视是政府干预的结果吗? 来自改革进程中的经验证据 [J]. 当代财经, 2020 (3): 50-63.

行所面临的成本、风险及其理性选择问题。对于理性经营的商业银行而言,由于国有企业无论在企业资产规模、债务担保能力方面,还是在信息透明度等方面,均比非国有企业更具优势[①②③],加上近几年来不断出现的非国有企业巨额诈骗案,所以基于信贷安全考虑的商业银行更倾向于对非国有企业实施差异化的信贷政策。

根据信息不对称理论可知,出于安全经营考虑,作为理性经营的商业银行,其对申请者是否提供信贷批准更多取决于其与企业之间的信息不对称程度高低。在高昂的信息搜集与甄别成本影响下,银行一般会根据企业规模、盈利能力、偿债能力及企业经营风险等信用指标来决定是否对贷款申请对象进行信贷审批。虽然平均而言,民营企业相对于国有企业的盈利能力更强,但规模较小、抵押物不充分、会计报表质量较低等也是民营企业常有的典型特征[④]。正如白俊等(2012)、李四海等(2015)所指出,相对于国有企业而言,民营企业存在更多的治理缺陷,其对财务治理的轻视与家族式领导下对会计信息的轻易粉饰使其会计信息质量更低[⑤⑥]。不仅如此,单笔贷款金额小、没有政府兜底的民营企业贷款违约风险高亦是民营企业受到贷款歧视的重要原因之一。由此可见,我国银行信贷所普遍存在的所有制歧视是商业银行理性经营的结果,不同所有制企业之间的禀赋差异而非仅仅是政府对信贷决策的干预导致了我国银行信贷资源的错配。

---

① 方军雄.所有制、制度环境与信贷资金配置[J].经济研究,2007(12):82-92.

② 余明桂,潘红波.政府干预、法治、金融发展与国有企业银行贷款[J].金融研究,2008(9):1-22.

③ HASELMANN R, PISTOR K, VIG V. How law affects lending [J]. The review of financial studies, 2010, 23(2): 549–580.

④ 刘斌斌,黄吉焱.金融结构对地区信贷资金配置效率的影响:基于企业规模差异视角[J].金融经济学研究,2017,32(3):66-74.

⑤ 白俊,连立帅.信贷资金配置差异:所有制歧视抑或禀赋差异?[J].管理世界,2012(6):30-42,73.

⑥ 李四海,蔡宏标,张俭.产权性质、会计盈余质量与银行信贷决策:信贷歧视抑或风险防控[J].中南财经政法大学学报,2015(5):78-87.

## 3.3 金融资源错配形态分析

作为社会核心生产要素,虽然金融资源在很多国家均普遍存在错配现象,但在我国经济转轨时期,制度环境差异是导致金融资源错配的最重要因素。正如李茜等(2010)指出,在经济体制改革渐进阶段,企业所有权性质、所处地区及所处行业属性是体现我国制度环境差异最重要的3个方面[①]。由于金融资源错配具体表现在价格与数量两个方面,考虑到任何企业必然属于某个地区、某个行业或具有其特定的所有制属性,且金融资源的配置必须通过一定的渠道得以完成,所以在银行信贷与证券市场股权融资仍是我国企业融资主要渠道的背景下,根据金融资源配置的主体不同,企业的金融资源错配具体形态主要包含如下几种。

### 3.3.1 银行信贷资源错配形态分类

作为我国金融资源配置的最主要渠道,银行信贷在我国金融资源配置中长期占据主导地位。当银行信贷资金不能按照效率均等原则在不同行业或企业间进行配置时,银行信贷资源错配现象发生。因此,银行信贷资源错配可划分为银行信贷资源的行业错配与"二元"所有制企业错配两种不同类型。加上银行信贷资金配置效率包括数量与价格的配置效率两个方面,故而形成银行信贷资源的行业数量错配、行业价格错配、企业数量错配和企业价格错配4种不同形态。

(1) 银行信贷资源行业数量错配

银行信贷资源行业数量错配是指银行信贷资源不能按照效率高低在不同行业间实现信贷资金的配置,从而使得效率更高的行业无法得到自身发展所需的资金支持,而那些效率低下的行业却能够获得更多的银行信贷资金。

与产业和企业发展一样,任何行业的发展同样会经历其生命周期中的不同阶段,即幼稚期、成长期、成熟期和衰退期4个不同的阶段。由于不同的行业发展阶段在产品成熟度、市场需求量等方面具有不同的典型性特征,不仅对信贷资金的需求程度不同,而且商业银行提供的信贷资金所面临的风险程度大小

---

① 李茜,张建君.制度前因与高管特点:一个实证研究[J].管理世界,2010(10):110-121.

也各异。因此，银行信贷能否提供行业发展所需的信贷资金支持将直接影响行业发展的成与败。当有限而稀缺的信贷资金被配置给那些风险高、效率低下的行业时，便产生信贷资金的行业数量错配。

（2）银行信贷资源行业价格错配

银行信贷资源行业价格错配是指银行在不同行业间进行信贷资金配置时，未能按照由供给与需求共同决定的市场价格机制在不同的行业间实现资金的有效配置。事实上，作为一种特殊的商品，信贷资金也应遵循市场价格机制去实现银行信贷的定价，使得对信贷资金需求更强烈的行业承受较高的信贷价格，而对信贷资金需求不强烈的行业承受较低的信贷价格，以期充分发挥市场价格信号机制对信贷资金价格配置的引导作用。

（3）银行信贷资源企业数量错配

银行信贷资源企业数量错配是指有限而稀缺的信贷资金不能按效率均等原则在不同的企业间进行配置，从而使得效率较低的企业获得更多的资金，而效率较高的企业却难以获得资金，造成信贷资金在企业间配置时的低效甚至无效，影响企业健康稳定的发展。我国地区金融发展水平差异明显，直接影响不同地区间企业信贷资金错配程度。此外，虽然我国近些年来积极倡导由以国有经济为主向以混合所有制为主的经济形态的转变，且企业自身资源禀赋差异也是构成银行信贷资金在企业间错配的重要因素，但因长期受到"二元"所有制经济结构的影响，企业所有权性质差异仍是导致我国银行信贷资金在不同所有制企业间出现错配的首要原因，这就使得我国的民营企业（特别是中小民营企业）的融资难、融资贵问题日益凸显，金融资源配置的脱实向虚现象已经引起政府与学者的高度关注。

（4）银行信贷资源企业价格错配

与信贷资金在行业间的价格错配原理相类似，信贷资金在不同企业间的价格错配也是指有限而稀缺的信贷资金在企业间进行配置时，违背市场价格规律，扭曲信贷资金的价格信号，使得信贷价格不能有效反映不同企业对信贷资金的需求程度。考虑到银行信贷是社会核心生产要素之一，信贷价格的扭曲将进一步造成劳动、技术等其他生产要素价格的扭曲，严重影响社会经济的发展并造成严重的效率损失。

## 3.3.2 证券市场资源错配形态分类

作为现代金融体系的重要支柱之一，证券市场对金融资源的配置发挥着举足轻重的作用。虽然相对于银行信贷而言，我国证券市场起步较晚，但随着我国证券市场规模的不断扩大及相关政策制度的逐步完善，证券市场资源配置效率如何已经引发了学者与政府的高度关注。但也正是因为我国证券市场发展的相对滞后与制度体系的不完善，使得证券市场过去在进行金融资源的配置时，出现了不同程度与形态的错配现象。通过股权融资来帮助企业实现资金的融通是证券市场实现金融资源配置优化功能的最主要渠道，与其他国家证券市场相同，我国的证券市场股权融资包括企业的首次公开发行（IPO）与上市企业股权再融资两种形式。因此，我国证券市场中的企业股权融资错配包括首次公开发行错配与股权再融资错配两种形态。

（1）IPO 错配

审批制、核准制与注册制是对企业 IPO 申请进行审批的 3 种不同类型。由于我国证券市场起步较晚，虽然自 2019 年起正式启动了科创板企业 IPO 注册制，并于 2020 年完成了对深圳证券交易所创业板 IPO 申请审批的注册制改革，但我国在经历了审批制阶段后，目前对主板与中小板企业 IPO 申请审批仍以核准制为主。毋庸置疑，当企业 IPO 申请审批完全实行注册制改革后，企业 IPO 错配将明显会降低。然而，当企业 IPO 申请审批处于审批制或核准制阶段而未完成注册制改革时，政府对企业 IPO 申请审批的行政干预将难免导致 IPO 错配的发生。

IPO 错配是指证券市场在对企业进行 IPO 申请审批时，未能按照效率优先原则对进行 IPO 申请的企业进行审批与核准，使得那些效率更高的企业难以通过 IPO 申请审批进行证券市场的股权融资，而那些效率低下的企业则因各种原因而获得更多的 IPO 融资机会。由于我国金融发展水平地区差异化程度明显，加上"二元"所有制经济结构下政府对金融资源配置的干预，以及国家对宏观发展战略的考虑，对于那些处于金融发展水平较高地区中的企业、国家急需扶持产业中的企业及国有控股的企业而言，虽然这些企业的效率可能更低，但其 IPO 股权融资机会更多。相比之下，对于那些处于金融发展水平较低地区而又不是国家重点扶持行业中的企业及大部分民营企业而言，虽然这些企业的效率可能更高，但 IPO 申请却难以通过审批与核准，IPO 股权融资机会较少，从而造成我国企业 IPO 融资时金融资源错配现象的发生。

与银行信贷资源既可能存在数量错配又可能存在价格错配不同，IPO 错配更多是发生在数量错配上，价格错配的可能性较少。究其原因，在进行 IPO 审批前，企业就已经在申请书上对其进行首次公开发行的原因、融资规模、发行价格及公司的前期盈利能力等信息进行了有效的披露，在企业上市审批询价制度体系下，IPO 发行价格的确定更多是遵循市场定价机制与买卖双方自愿的原则而进行，价格错配较少发生。当考虑到地区金融发展水平、国家战略发展需要及企业控股权性质差异时，企业 IPO 错配的形态更多是 IPO 地区错配、IPO 行业错配与 IPO 在不同所有制企业间的错配 3 种形态。

（2）股权再融资错配

股权再融资是指上市公司通过再次发行股票的方式来进行再融资。我国的上市公司股权再融资先后经历了配股、公开增发与定向增发 3 种方式，但自 2006 年 5 月 8 日《上市公司证券发行管理办法》施行以来，定向增发基本替代配股和公开增发而成为我国上市企业股权再融资的主要手段。鉴于此特殊情形，在下面的股权再融资错配形态分析时，主要介绍定向增发错配的具体形态。

根据 2019 年 12 月 28 日新修订的《证券法》第 9 条规定，证券发行包括公开发行与非公开发行两种，且公开发行又包含不定向发行和定向发行。定向增发则没有任何相关法律法规对其进行严格定义，一般认为定向增发是和《上市公司证券发行管理办法》第 13 条规定的向不特定对象公开募集股份相对应的一个概念。因此，定向增发可以理解为只面向特定对象增发新股的行为，属于非公开发行的概念范畴，但与非公开发行又存在一定差异。理论上而言，非公开发行要求向不超过 10 人发行，一定属于定向增发。但定向增发可以是向 10 人以下发行（这时是非公开发行），或者 10 人以上 200 人以下发行（如非上市股份公司的私募），也可以是向超过 200 人发行（根据《证券法》规定属于公开发行）。由此可见，定向增发不一定是非公开发行。然而，在我国现实经济生活中，由于定向增发超过 10 人的情况比较少见，在投资实务中，人们经常将非公开发行与定向增发相混淆，并认为定向增发也就是普通意义上的非公开发行。鉴于此情形，这里所指的定向增发概念采用的是《上市公司证券发行管理办法》中第 36 条所规定的企业向特定投资者所进行的非公开增发行为①。

与证券市场 IPO 错配相类似,上市企业定向增发错配是指当上市企业进行定向增发股权再融资申请时,未能按照效率优先的原则对其进行审批,导致效率低下的上市企业股权再融资机会较多,而效率更高的上市企业股权再融资机会较少,造成金融资源配置时的低效或无效。在我国"二元"所有制经济结构影响下,定向增发股权再融资时,金融资源错配的现象时有发生。由于上市企业定向增发的买卖双方也是在协商自愿的基础上进行交易的,在市场价格机制作用下,定向增发的价格错配现象相对不明显。因此,与企业 IPO 错配的形态相类似,上市企业定向增发错配的形态可能会包含上市企业定向增发地区错配、行业错配及在不同所有制企业间的错配 3 种形态。

鉴于上述分析,我国金融资源错配形态如图 3-2 所示。

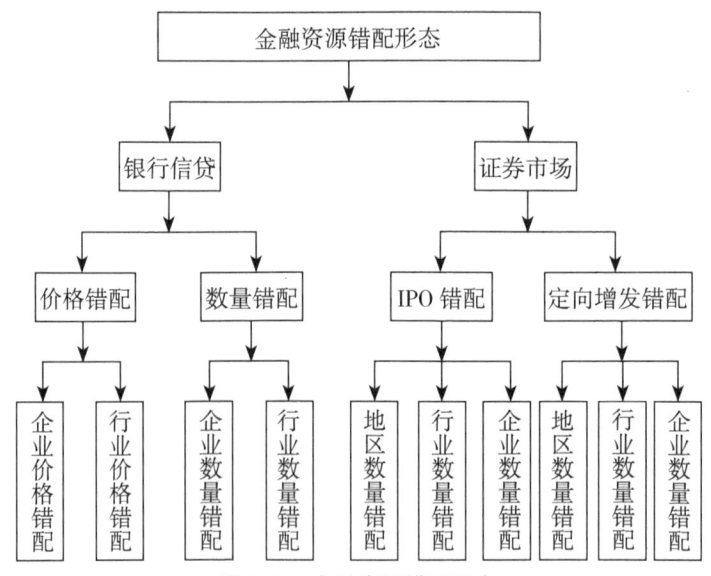

图 3-2　金融资源错配形态

---

① 刘斌斌.上市企业定向增发对信贷融资、投资和资本配置效率的影响研究[D].南昌:江西财经大学,2014.

## 3.4 金融资源错配形态检验——以上市企业定向增发为例

改革开放以来，我国经济实现了快速的增长，GDP 增速年均接近 10% 左右。经济的飞速发展带来了金融业的空前繁荣。但与此同时，经济的快速发展也离不开金融业市场的不断完善和金融工具的不断丰富，两者相辅相成。众所周知，银行、证券和保险是现代金融体系的三大支柱。由于历史原因，银行在我国金融体系中长期扮演主导性角色。与此同时，1990 年底深圳证券交易所与上海证券交易所的成立，拉开了我国证券市场的帷幕。随着中小板、创业板、科创板及新三板等上市企业板块的不断发展，证券市场中上市企业家数突飞猛进，股权融资规模日益上涨[①]。虽然截至目前，我国证券市场融资规模仍远远低于银行信贷规模，证券市场对金融资源配置的支撑性作用仍相对有限，但随着我国经济的进一步发展、证券市场工具的不断完善及证券市场监督制度的不断健全，证券市场融资规模将进一步迅速扩大，并将逐渐发展成为我国各类企业的重要融资渠道。与西方发达国家有所不同的是，除银行和证券市场外，保险业在西方发达国家金融行业中的地位非常重要，但我国的保险业发展却远落后于银行和证券行业的发展[②]。

鉴于我国银行、证券和保险金融市场发展情况的上述事实，在分析金融资源错配形态时，将只对银行和证券这两个市场展开讨论。不仅金融资源配置在数量上可能存在错配现象，而且金融资源的错配也可能发生在金融资源价格配置方面；金融资源不仅在通过银行系统来配置时可能存在错配现象，而且在证券市场配置时也可能存在错配问题。由于长期以来，银行系统一直都是我国金融资源配置的最主要渠道，国内外学者对我国银行信贷市场所存在的资源错配

---

① 1991 年我国上市企业股票融资金融仅约为 5 亿元，且上市企业都是国有企业，融资总额占银行信贷的比例仅约为 0.22%；而 2015 年我国股票融资金融高达 1.09 万亿元，占银行信贷的 1.16% 左右。如果再加上证券市场所发行的约 6.72 万亿元企业债券，则 2015 年的证券市场融资总额约为 7.81 万亿元，占银行信贷的比例约为 8.32%。虽然横向比较时的股票融资规模相对于银行信贷而言仍相对较小，但其占银行信贷的比例已经由当初的 0.22% 上升至 2015 年的 8.32%。由此可见，股票融资规模增速高于银行信贷增速。

② 2015 年的保费收入为 24 283 亿元，融资规模不及证券市场的 1/3。

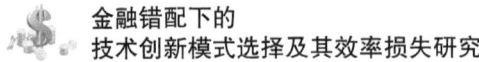

问题已经进行了广泛而深入的研究，并取得丰硕成果。在银行信贷资源数量错配方面，Allen 等（2005）、Dollar 等（2007）、Song 等（2010）及袁志刚等（2010）的研究指出，我国的国有企业和民营企业在生产效率和融资能力方面的差异已经达到令人震惊的程度，金融资源在国有与民营企业间的错配现象非常严重。在银行信贷资源价格错配方面，王钰等（2015）、刘斌斌等（2017）的研究结果表明，我国银行信贷资源在价格上同样存在着严重的错配问题。此外，彭红枫等（2014）、张新民等（2016）及刘斌斌等（2017）还从政治关联、政府干预、信贷歧视及地区金融结构差异等角度对我国银行信贷资源错配的成因进行了深入分析。由此可见，基于银行系统在我国金融资源配置中的重要地位，有关银行信贷资源在数量和价格上的错配问题已经得到较为完善的探讨，这里将不再对银行信贷资源错配的形态问题进行进一步的分析。

改革开放初期，我国经济发展水平较低，生产力水平极其落后。当经济总量得到快速提升后，我国才开始步入"调结构、促发展"的宏观发展阶段，使得对要素资源配置效率问题的研究起步较晚。而作为生产资料的核心要素之一，对金融资源配置效率问题的相关研究则更加滞后。银行系统在我国经济发展历史中的突出地位，引致诸多国内外学者对我国银行信贷资源配置效率问题进行了研究，但据笔者所知，迄今为止对我国证券市场资源配置效率问题进行深入研究的相关成果甚少。随着我国证券市场工具的不断完善、证券市场监管制度的不断健全及企业 IPO 审批制度由当前的核准制向注册制转变的逐步完成，我国的证券市场在金融资源配置中的重要性将越来越明显，这就使得对证券市场资源配置效率问题的研究变得尤为重要，以期有效弥补这一领域研究的不足。在对证券市场资源错配形态分析过程中，下文将就证券市场资源在数量和价格两个层面上的错配情况予以讨论。

### 3.4.1 研究假设

自 20 世纪 90 年代深圳证券交易所与上海证券交易所成立以来，股权融资越来越成为我国企业融资的重要渠道。我国股票市场 A 股 IPO 融资额从证券交易所刚成立时的 5 亿元已经上升至 2016 年的 1634 亿元，融资规模达到 1990 年上海证券交易所和深圳证券交易所刚成立时的 300 多倍。由此可见，证券市场股票融资必将越来越成为我国企业重要的融资渠道之一。考虑到企业 IPO 数

# 第三章
## 金融资源错配表征、成因及其形态分析

据搜集的难度太大，在分析我国证券市场资源错配问题时，这里仅对上市企业股权再融资的错配情况展开讨论。上市企业股权再融资主要包括配股和增发两种形式，且增发一般又可以分为公开增发和定向增发两种类型[①]。然而，在我国证券市场中，上市企业所采用的股权再融资方式具有非常明显的阶段性特征[②]。1998 年 5 月前，国家规定上市公司只能以配股的形式进行股权再融资；1998 年 5 月—2001 年 3 月，上市公司股权再融资以配股为主、公开增发为辅；2001 年 3 月—2005 年 4 月，上市公司基本上都选择公开增发形式进行股权再融资。自 2005 年 4 月股权分置改革后，定向增发因为诸多优势迅速替代了配股和公开增发。特别是自 2006 年 5 月 8 日《上市公司证券发行管理办法》施行以来，定向增发因门槛低、审批快捷、成本低廉等优势基本取代配股和公开增发而发展成为我国上市企业股权再融资的主要方式，且这种股权再融资方式一直持续至今[③]。根据国泰安 CSMAR 数据库资料显示，2016 年我国 A 股上市企业增发融资金额高达 5798 亿元，约为当年 IPO 融资额 1634 亿元的 3.5 倍。

由于对我国证券市场资源配置效率问题的研究尚处于起步阶段，这里将更多地借鉴学者对银行信贷资源错配相关问题研究的方法和思路来探索我国证券市场资源错配问题。在对银行信贷资源错配的原因探索中，普遍认为企业控股权性质、地方政府干预及政治关联是导致我国银行信贷资源错配的重要因素。在我国经济转型阶段，由于各种体制尚不健全，政府干预时常会成为某些机制体制的有效替代。虽然我国银行业自 2003 年起基本完成了股份制改革并逐渐

---

① 根据《证券法》规定，证券发行包括公开发行和非公开发行两种，而公开发行又包含不定向发行和定向发行。2006 年 5 月 8 日施行的《上市公司证券发行管理办法》中所提到的非公开发行是与公开发行相对的概念。事实上，定向增发没有任何法律法规对其进行严格定义，一般认为定向增发可以理解为只面向特定对象增发新股。因非公开发行只能向不超过 10 人发行，所以非公开发行一定是定向增发；但定向增发可能是向 10 人以下发行，也可能向 10 人以上发行，所以定向增发不一定是非公开发行。但在我国现实经济生活中，因为定向增发超过 10 人比较少见，所以在投资实务中，人们经常将非公开发行与定向增发混同，并认为定向增发也就是非公开发行。
② 毕金玲.上市公司股权再融资方式选择研究[D].大连：东北财经大学，2010.
③ 刘斌斌.上市企业定向增发对信贷融资、投资和资本配置效率影响研究[D].南昌：江西财经大学，2014.

完善了现代企业管理制度，但经济增长指标在各级地方官员的政绩考核体系中占有重要地位，使得各级官员会尽可能地利用手中的权力干预银行信贷决策。Cull等（2003）在利用我国1980—1994年的国有企业数据进行研究时发现，政府会通过银行信贷来救助陷入困境的国有企业。孙铮等（2005）指出，政府干预有助于当地国有企业获得期限更长的银行信贷，其长期债务所占比重越高。钱先航等（2011）则发现，地方官员的任期和晋升压力会明显影响当地城商行的信贷行为。王钰等（2015）的研究发现，虽然地方政府干预不会在数量配置效率上对银行信贷产生显著影响，但它会损害我国银行信贷价格配置效率水平。La Porta等（2002）发现，在受国家控制的银行体系中，国有企业往往更容易获得银行信贷资金支持。卢峰等（2004）的研究结果指出，我国的私人部门难以直接从银行获得信贷资源，它们大多只能从国有部门的漏损效应中获取有限的信贷资源。Song等（2011）、袁志刚等（2010）均发现我国银行信贷审批存在明显的信贷歧视现象，虽然民营企业盈利能力远高于国有企业，但它们所获得的银行信贷却远低于国有企业。Allen等（2005）的研究结果也充分证实了我国银行信贷资源配置存在明显的信贷歧视。江伟等（2006）、倪铮等（2007）及汤颖梅等（2011）均发现，国有企业所固有的政治关系和预算软约束使其在银行信贷中处于优势地位，而非国有企业往往更容易受到信贷歧视。

根据对银行信贷资源错配的研究结果可知，在我国金融资源政府主导型特征影响下，控股权性质差异是影响国有与民营企业获得信贷多寡的重要因素之一。事实上，在我国上市企业股权融资中，企业控股权性质差异也是影响其股权融资的重要因素。2000年之前，除国家急需扶持和发展的产业外，其他产业内的民营企业很难获得股权融资机会，这使得我国上市企业中的绝大部分均为国有企业。在上市企业定向增发融资方面，正如严武等（2014）所发现，国有企业虽然定向增发前的ROA远低于民营企业，但其定向增发融资金额远高于民营企业。这充分说明，我国上市企业定向增发并不能根据效率均等原则在企业间进行合理的配置，证券市场上市企业财务信息披露所应具有的信号传递功能失效。

据此提出基本研究假设1：我国上市企业定向增发未能按照效率均等原则进行资源配置，定向增发对企业效率高低不敏感。

正如王钰等（2015）所指出，金融资源配置效率应包含数量和价格两个维度，数量与价格上的错配均会带来实体经济的巨大损失。理论上而言，当金融资源按照效率均等原则在不同企业间进行配置时，更多的资金应被配置给那些外部融资需求更强烈的企业。这时，不仅急需资金的企业可以通过证券市场获得更多的资金支持，而且投资者也能获得更高的收益率回报。然而，当金融资源出现错配现象时，市场价格将被扭曲而无法真实反映不同资金需求主体对资金的有效需求情况，使得社会资金难以按照有效的价格被配置到最需要资金的企业，甚至会出现定向增发融资价格与企业外部融资需求负相关的现象，与资源配置优化理论相违背。在定向增发融资数量方面，上市企业定向增发虽然门槛较低，但同样需要经过证监会的审批才能进行。当金融资源存在所有制错配现象时，由于国有企业的控股股东是中央或地方各级政府部门，所以那些国有企业因控股权性质优势而有更多机会获得定向增发股权再融资机会，从而使得有限而稀缺的金融资源不能严格按照企业外部融资需求状况在各类不同企业间进行合理有效的配置。

据此提出基本研究假设 2：定向增发融资价格与企业外部融资需求负相关，且相对于民营企业而言，国有企业定向增发融资数量更多。

### 3.4.2 样本筛选

由于企业 IPO 门槛较高、行政干预严重，而上市企业定向增发具有门槛较低、审批快等优势，自 2006 年 5 月 8 日《上市公司证券发行管理办法》施行以后，定向增发再融资便基本替代配股和公开增发而成为上市企业股权再融资的最主要形式[①]。考虑到美国次贷危机给我国乃至全世界金融市场所带来的影响，这里将以 2010—2016 年我国 A 股市场上市公司年度定向增发数据为样本来实证检验我国证券市场所存在的金融资源错配现象。2010—2016 年，我国 A 股市场上市公司共进行 2709 次定向增发股权再融资，融资总额高达 56 744.29 亿元。这里首先采用如下程序对上市企业定向增发样本进行筛选：①删除金融类上市公司样本；②删除负债大于资产的上市公司样本；③删除数据不全的上

---

① 根据国泰安 CSMAR 数据库资料统计，2006—2016 年，我国 A 股市场上市公司进行定向增发 3310 次，融资总额高达 68 510.46 亿元。在此期间所进行的公开增发和配股次数分别为 112 次和 113 次，融资次数仅为定向增发的 1/30 左右；公开增发和配股的融资金额分别为 2421.48 亿元和 3425.28 亿元，不足定向增发融资金额的 1/20。

市公司样本；④对筛选后的数据进行 Winsorize 处理以消除异常值所带来的不利影响。经过上述程序筛选后，共得到 2087 个 A 股上市公司定向增发样本数据。数据来自国泰安 CSMAR 数据库，此后不再赘述。

### 3.4.3 模型设定

在对我国上市企业定向增发股权再融资所存在的错配现象进行分析时，这里将参考 Wurgler（2000）和王钰等（2015）的研究思路，并从股权再融资的价格与数量两个层面来分析我国证券市场所存在的金融资源错配特征及其具体形态。根据现代公司金融理论，公司在进行外部融资时既可以选择股权融资，也可以选择债务融资。然而，陆正飞等（2004）及肖泽忠等（2008）研究表明，我国上市公司存在明显的股权融资偏好行为。股权融资数量与企业外部融资需求高低密切相关，而股权融资价格则与企业风险大小密不可分。此外，企业控股权性质、规模大小及成长性等也是影响上市公司股权融资的重要因素。在有效控制企业规模、成长性及财务风险等因素影响基础上，这里将基于如下模型来对控股权性质差异和企业外部融资需求程度如何影响我国上市企业定向增发的数量与价格进行实证检验：

$$Y_{it} = C + \alpha_1 ROA_{it-1} + \alpha_2 OWN_{it-1} + \alpha_3 ROA_{it-1} \cdot OWN_{it-1} + \alpha_4 NEED_{it-1} \\ + \alpha_5 NEED_{it-1} \cdot OWN_{it-1} + \alpha_6 DEBT_{it-1} + \alpha_7 GROWTH_{it-1} + \varepsilon_{it} \circ \quad (3-1)$$

式中，$C$ 为截距项；$\alpha_i$ 为待估计系数；$i=1, 2, \cdots, n$，代表不同上市企业；$t=1, 2, \cdots, n$，代表不同年份；$\varepsilon$ 为扰动项；其他变量的定义如表 3-2 所示。

表 3-2 模型（3-1）中变量的定义

| 变量 | | 含义 | 定义 |
|---|---|---|---|
| Y | PX | 定向增发价格虚拟变量 | 当定向增发价格低于预期价格时取 1，否则取 0，用以衡量上市企业定向增发价格错配程度 |
| | NUM | 定向增发融资规模 | 定向增发融资金额除以企业总资产，用以衡量上市企业定向增发数量错配程度 |
| ROA | | 资产收益率 | 企业总资产收益率水平，代表定向增发企业盈利能力水平 |

续表

| 变量 | 含义 | 定义 |
|---|---|---|
| OWN | 控股权性质 | 国有企业取1,民营企业取0,且当企业进行民营化改制时,以实际民营化时间为准 |
| NEED | 外部融资需求 | 企业过去一年的总资产增长率减去过去一年 ROE/(1-ROE)[①],其中 ROE 为企业净资产收益率 |
| DEBT | 资产负债率 | 总负债/总资产,用以衡量定向增发企业风险程度 |
| GROWTH | 成长性 | 企业主营业务收入增长率水平 |

### 3.4.4 实证检验

（1）单变量因素分析

在进行多变量回归检验前,这里首先采用双样本异方差均值比较法对模型（3-1）中实施定向增发融资的国有与民营企业在 2010—2016 年的定向增发价格、融资规模、企业盈利能力、外部融资需求、资产负债率及其成长性进行对比分析,所得结果如表 3-3 所示。

表 3-3 国有与民营企业在 2010—2016 年各变量均值对比分析结果

| 年份 | 样本数量/个 | | 均值 | | P 值 |
|---|---|---|---|---|---|
| | 国有 | 民营 | 国有 | 民营 | |
| Panel A 定向增发价格虚拟变量（PX） | | | | | |
| 2010 | 75 | 69 | 0.1014 | 0.1600 | 0.1496 |
| 2011 | 79 | 56 | 0.1250 | 0.1899 | 0.1523 |
| 2012 | 97 | 87 | 0.0460 | 0.1340 | 0.0176** |
| 2013 | 130 | 194 | 0.0923 | 0.0928 | 0.4942 |
| 2014 | 173 | 354 | 0.0462 | 0.1271 | 0.0004*** |

---

① DURNEY A, KIM E H. To steal or not to steal: firm attributes, legal environment, and valuation [J]. The journal of finance, 2005, 60 (3): 1461-1493.

续表

| 年份 | 样本数量/个 | | 均值 | | P值 |
|---|---|---|---|---|---|
| | 国有 | 民营 | 国有 | 民营 | |
| 2015 | 189 | 463 | 0.1005 | 0.1274 | 0.1586 |
| 2016 | 27 | 94 | 0.1111 | 0.1383 | 0.3523 |
| panel B 定向增发融资规模（*NUM*） | | | | | |
| 2010 | 75 | 69 | 0.7024 | 0.5981 | 0.2309 |
| 2011 | 79 | 56 | 0.4289 | 0.3792 | 0.1942 |
| 2012 | 97 | 87 | 0.4768 | 0.3267 | 0.0085*** |
| 2013 | 130 | 194 | 0.4143 | 0.2995 | 0.0020*** |
| 2014 | 173 | 354 | 0.4619 | 0.3224 | 0.0002*** |
| 2015 | 189 | 463 | 0.5606 | 0.4847 | 0.0951* |
| 2016 | 27 | 94 | 0.5746 | 0.2934 | 0.0006*** |
| panel C 定向增发企业 *ROA* 水平 | | | | | |
| 2010 | 75 | 69 | 0.0371 | 0.0479 | 0.0939* |
| 2011 | 79 | 56 | 0.0464 | 0.0703 | 0.0072*** |
| 2012 | 97 | 87 | 0.0426 | 0.0386 | 0.3223 |
| 2013 | 130 | 194 | 0.0313 | 0.0464 | 0.0021*** |
| 2014 | 173 | 354 | 0.0252 | 0.0394 | 0.0023*** |
| 2015 | 189 | 463 | 0.0294 | 0.0455 | 0.0021*** |
| 2016 | 27 | 94 | 0.0102 | 0.0453 | 0.0043*** |
| Panel D 外部融资需求（*NEED*） | | | | | |
| 2010 | 75 | 69 | 0.0249 | 0.1446 | 0.0067*** |
| 2011 | 79 | 56 | 0.0993 | 0.2655 | 0.1322 |
| 2012 | 97 | 87 | 0.0622 | 0.1551 | 0.0097*** |

续表

| 年份 | 样本数量/个 | | 均值 | | P值 |
|---|---|---|---|---|---|
| | 国有 | 民营 | 国有 | 民营 | |
| 2013 | 130 | 194 | 0.0654 | 0.1633 | 0.0206** |
| 2014 | 173 | 354 | 0.0529 | 0.1023 | 0.0159** |
| 2015 | 189 | 463 | 0.0672 | 0.2329 | 0.0000*** |
| 2016 | 27 | 94 | 0.3715 | 0.5293 | 0.0013*** |
| Panel E 资产负债率（DEBT） | | | | | |
| 2010 | 75 | 69 | 0.5307 | 0.4851 | 0.0725* |
| 2011 | 79 | 56 | 0.5456 | 0.4645 | 0.0093*** |
| 2012 | 97 | 87 | 0.5352 | 0.4578 | 0.0030*** |
| 2013 | 130 | 194 | 0.5488 | 0.4165 | 0.0000*** |
| 2014 | 173 | 354 | 0.5497 | 0.4047 | 0.0000*** |
| 2015 | 189 | 463 | 0.5241 | 0.4063 | 0.0000*** |
| 2016 | 27 | 94 | 0.0141 | 0.2844 | 0.0000*** |
| Panel F 成长性（GROWTH） | | | | | |
| 2010 | 75 | 69 | 0.1688 | 0.2472 | 0.0897* |
| 2011 | 79 | 56 | 0.1202 | 0.3081 | 0.0224** |
| 2012 | 97 | 87 | 0.2279 | 0.1789 | 0.2915 |
| 2013 | 130 | 194 | 0.3626 | 0.3516 | 0.4656 |
| 2014 | 173 | 354 | 0.3514 | 0.6727 | 0.0570* |
| 2015 | 189 | 463 | 0.3589 | 0.4320 | 0.1568 |
| 2016 | 27 | 94 | 0.6352 | 0.4194 | 0.2387 |

注："***""**"和"*"分别代表在1%、5%和10%临界水平下显著。

从上表中的双样本异方差均值比较结果可以看出，2010—2016年进行定向增发的国有与民营企业在定向增发价格、融资规模、盈利能力、外部融资需求、资产负债率及成长性方面均存在明显差异性特征。

第一,民营企业定向增发价格的错配程度更严重。从表3-3中的Panel A可以看出,民营企业定向增发价格虚拟变量($PX$)的均值在2010—2016年普遍大于国有企业均值,且2012年和2014年分别在5%和1%临界水平下显著。根据定向增发价格虚拟变量的定义可知,民营企业定向增发融资的发行价格低于国有企业。

第二,国有企业定向增发融资规模普遍高于民营企业。根据表3-3中Panel B的均值比较结果可知,国有企业定向增发融资金额占其总资产的比例明显高于民营企业,且除2010年和2011年外,其他年份均在1%或10%的临界水平下显著。

第三,实施定向增发的民营企业盈利能力明显更高。表3-3中的Panel C显示,除2012年外,2010—2016年实施定向增发的民营企业盈利能力($ROA$)均普遍高于国有企业,其中尤以2016年最为明显。2016年实施定向增发的国有企业的平均盈利能力为0.0102,而相应的民营企业的平均盈利能力则为0.0453,高达国有企业盈利能力的4倍以上。

第四,相对于国有企业而言,进行定向增发的民营企业外部融资需求更强烈。根据表3-3中Panel D的比较结果可以看出,除2011年外,实施定向增发的民营企业外部融资需求均在1%或5%临界水平下高于国有企业。这一结果充分说明:相对于国有企业而言,进行定向增发的民营企业外部融资需求显著更高。

第五,相对于国有企业而言,进行定向增发的民营企业资产负债率明显更低。表3-3中Panel E的均值比较结果表明,2010—2016年,实施定向增发的民营企业资产负债率均在1%或10%的临界水平下低于国有企业。实施定向增发的民营企业资产负债率普遍更低说明民营企业更难以获得银行贷款,进一步为我国银行信贷可能存在的所有制歧视现象提供有力证据支持。

(2)多变量回归检验

在完成对2010—2016年我国实施定向增发的国有与民营企业在定向增发价格、融资规模和外部融资需求等方面均值比较分析后,现采用Probit估计法对模型(3-1)进行多变量回归检验,所得结果如表3-4所示。

# 第三章 金融资源错配表征、成因及其形态分析

表3-4 定向增发多变量回归检验结果

| 变量 | PX | | | NUM | | |
|---|---|---|---|---|---|---|
| | （1） | （2） | （3） | （4） | （5） | （6） |
| C | -1.1961<br>（0.0000） | -1.2413<br>（0.0000） | -0.8877<br>（0.0000） | 0.5245<br>（0.0000） | 0.5370<br>（0.0000） | 0.7927<br>（0.0000） |
| ROA | 0.0409<br>（0.9541） | 0.0173<br>（0.9816） | -0.6935<br>（0.4188） | -0.3289<br>（0.1553） | -0.3687<br>（0.1130） | -0.7989***<br>（0.0006） |
| OWN | -0.1778*<br>（0.0676） | -0.1492<br>（0.1314） | -0.0344<br>（0.7398） | 0.1301***<br>（0.0000） | 0.1405***<br>（0.0000） | 0.0641**<br>（0.0368） |
| ROA·OWN | 3.3787**<br>（0.0209） | 3.3949**<br>（0.0233） | 2.9189**<br>（0.0455） | 0.2148<br>（0.6378） | 0.3229<br>（0.4804） | -0.0366<br>（0.9353） |
| NEED | | 0.2710***<br>（0.0034） | 0.2774***<br>（0.0034） | | -0.0999***<br>（0.0049） | -0.1044***<br>（0.0027） |
| NEED·OWN | | -0.9911<br>（0.1604） | -1.1313<br>（0.1410） | | -0.6820***<br>（0.0034） | -0.6952***<br>（0.0023） |
| DEBT | | | -0.7918***<br>（0.0001） | | | -0.5712***<br>（0.0000） |
| GROWTH | | | -0.0271<br>（0.4986） | | | 0.0044<br>（0.5266） |
| $R^2$ | 0.0537 | 0.1104 | 0.1230 | 0.0517 | 0.1151 | 0.1557 |

注：①括号内为估计系数的P值；②"***""**"和"*"分别代表在1%、5%和10%临界水平下显著。

根据上表中的回归检验结果可以看出，我国上市企业定向增发时的价格和融资规模具有如下显著特征。

第一，定向增发融资价格与融资规模均对企业盈利能力不敏感。从上表回归结果（1）～（3）可以看出，定向增发价格虚拟变量（PX）对企业盈利能力（ROA）的回归系数均不显著，说明上市企业盈利能力对其定向增发价格未产生任何显著影响。在回归结果（4）～（6）中，企业盈利能力对其定向增发融资规模的估计系数为负，进一步说明上市企业定向增发融资规模不仅没有随企业盈利能力的增加而提升，反而有所下降。这一结果充分说明我国上市企业定向

增发资源并未按效率均等原则在企业间进行配置，与假设1完全相符。

第二，上市企业外部融资需求越强烈时，其定向增发价格越低，且在国有与民营企业间不存在显著差异。上表中的回归结果（2）和（3）说明，上市企业外部融资需求（NEED）对其定向增发价格虚拟变量（PX）的回归系数在1%临界水平下显著为正。根据企业定向增发价格虚拟变量的定义可知，这一回归结果意味着当企业外部融资需求越强烈时，其定向增发价格越低，与假设2一致。此外，外部融资需求与企业控股权性质交互项（NEED·OWN）对企业定向增发价格虚拟变量的回归系数并不显著，进一步说明控股权性质并不是企业外部融资需求影响其定向增发价格的重要因素。

第三，企业外部融资需求越强烈时，其定向增发融资规模越小，但国有企业定向增发融资规模相对更大。根据上表中的回归结果（5）和（6）显示，企业外部融资需求对其定向增发融资规模（NUM）的估计系数始终在1%临界水平下显著为负，这说明当企业外部融资需求越强烈时，其融资规模反而越小。而外部融资需求与企业控股权性质交互项（NEED·OWN）对企业定向增发融资规模的回归系数在1%临界水平下显著为负，进一步说明相对于民营企业而言，在同一外部融资需求程度下，国有企业定向增发融资规模更大。这一结果充分表明，我国上市企业定向增发融资规模并不是由其外部融资需求所决定，定向增发错配现象明显。

## 3.5 本章小结

作为核心资源之一，金融资源的优化配置将引导人力、技术等其他生产要素的合理流动，实现社会资源配置的优化和生产效率的提升。合理的金融资源配置要求按照效率均等原则在不同企业或部门间进行资源配置，并引导社会资源不断地从效率低下的企业或部门流向效率更高的企业或部门，最终使得效率最高的企业或部门获得最多的资金资源，效率较低的企业或部门获得较少资源，效率最低的企业或部门获得最少的资源。在市场经济作用下，金融资源配置需要通过市场价格机制来完成。当金融资源出现错配时，市场价格机制紊乱，市场价格信号必然受到扭曲，从而严重影响决策者对投资风险的判断和预期收益不确定性，造成生产效率的损失。

# 第三章
## 金融资源错配表征、成因及其形态分析

基于最优资源配置理论，本章首先对金融资源错配的深刻内涵进行了剖析，并认为金融资源错配是指金融系统不能按照效率均等原则将有限而稀缺的金融资源配置到那些效率更高的企业或部门，而是将其配置给那些低效甚至无效的企业或部门，造成金融资源配置的非理性或者说是错配。其次，结合金融资源错配的深刻内容，进一步对金融资源错配的表征进行了分析，并指出金融资源错配常常表现为数量和价格两个维度的错配。再次，在对引起金融资源错配原因分析中发现，虽然各国金融资源错配的成因各不相同，但政府干预、金融结构差异及"二元"所有制经济结构下的所有制歧视是导致我国出现严重金融资源错配的主要原因。最后，对金融资源错配的常见形态进行了分析并发现：①按错配形式的不同来划分时，我国金融资源错配既包括数量上的错配，也包含价格上的错配；②按资源配置渠道的不同来划分时，既有来自银行信贷资金的错配，也有来自证券市场股权融资的错配；③按受体对象的不同来划分时，既包括企业层面的错配，同时也包含行业层面和地区层面的错配。当进一步以我国上市企业定向增发为例对我国证券市场资源错配问题进行检验时，发现我国上市企业定向增发在融资价格与融资规模两个方面具有如下显著特征：①定向增发融资价格与融资规模均对企业盈利能力不敏感；②上市企业外部融资需求越强烈时，其定向增发价格越低，且在国有与民营企业间不存在显著差异；③企业外部融资需求越强烈时，其定向增发融资规模越小，但国有企业定向增发融资规模相对更大。由此可见，不仅我国上市企业定向增发资源并未按效率均等原则在企业间进行配置，而且上市企业定向增发融资规模大小与其外部融资需求程度高低之间明显脱钩，定向增发错配现象明显。

# 第四章 我国金融市场资源错配程度测算

金融资源配置需借助一定的渠道或模式来完成，金融资源配置效率的高低在一定程度上受金融资源配置渠道或模式的影响。对金融资源错配相关问题的研究，需要针对不同的金融资源配置受体的金融资源错配程度大小进行合理准确的测算。

## 4.1 我国金融资源配置模式分析

银行信贷、股权融资、信托贷款、财政拨款、企业债券发行等是实现金融资源配置的主要方式。但出于各方面的原因，我国金融体系长期表现出银行主导型特征，使得银行信贷成为我国金融资源配置的最主要渠道。随着1990年底深圳证券交易所和上海证券交易所的成立，为了应对不同规模和发展类型企业融资的需要，我国先后开创了主板、中小板、创业板、新三板及科创板等市场板块，资本市场工具不断得到完善，使得越来越多的企业通过证券市场获得了资金支持。证券交易市场的开启与证券市场管理制度的不断完善不仅在一定程度上缓解了企业融资约束，也在一定程度上打破了银行系统在金融资源配置中的垄断性地位，促进了我国金融资源配置整体效率的提升。虽然证券市场正在我国金融资源配置中发挥着越来越重要的作用，但我国的基金、信托、债券等金融市场工具仍不发达，这就使得在未来很长一段时间内，银行信贷和证券市场股权融资仍然是我国金融资源配置的主要手段。根据《中国统计年鉴》资料显示，1991—2015年，我国资金运用总额、股权融资及银行信贷情况如表4-1所示[①]。

---

① 这里的资金运用总额剔除了外汇贷款部分。

## 第四章 我国金融市场资源错配程度测算

表 4-1  1991—2015 年我国资金运用总额、股权融资及银行信贷情况

| 年份 | 资金运用总额/亿元 | 股权融资 | 股权融资占比/% | 银行信贷/亿元 | 银行信贷占比/% | 股权融资和银行信贷之和占比/% |
|---|---|---|---|---|---|---|
| 1991 | 19 386 | 5 | 0.03 | 18 044 | 93.08 | 93.10 |
| 1992 | 23 167 | 94 | 0.41 | 21 616 | 93.30 | 93.71 |
| 1993 | 33 319 | 375 | 1.13 | 26 461 | 79.42 | 80.54 |
| 1994 | 45 077 | 327 | 0.72 | 39 976 | 88.68 | 89.41 |
| 1995 | 57 447 | 150 | 0.26 | 50 544 | 87.98 | 88.25 |
| 1996 | 69 455 | 425 | 0.61 | 61 157 | 88.05 | 88.66 |
| 1997 | 81 541 | 1294 | 1.59 | 74 914 | 91.87 | 93.46 |
| 1998 | 96 692 | 842 | 0.87 | 86 524 | 89.48 | 90.35 |
| 1999 | 108 438 | 945 | 0.87 | 93 734 | 86.44 | 87.31 |
| 2000 | 121 193 | 2103 | 1.74 | 99 371 | 81.99 | 83.73 |
| 2001 | 137 020 | 1252 | 0.91 | 112 315 | 81.97 | 82.88 |
| 2002 | 148 532 | 962 | 0.65 | 131 294 | 88.39 | 89.04 |
| 2003 | 181 655 | 1358 | 0.75 | 158 996 | 87.53 | 88.27 |
| 2004 | 204 143 | 1511 | 0.74 | 178 198 | 87.29 | 88.03 |
| 2005 | 224 265 | 1883 | 0.84 | 194 690 | 86.81 | 87.65 |
| 2006 | 264 500 | 5594 | 2.12 | 225 347 | 85.20 | 87.31 |
| 2007 | 321 326 | 8680 | 2.70 | 261 691 | 81.44 | 84.14 |
| 2008 | 379 765 | 3852 | 1.01 | 303 395 | 79.89 | 80.90 |
| 2009 | 511 835 | 6125 | 1.20 | 399 685 | 78.09 | 79.29 |
| 2010 | 649 869 | 11 972 | 1.84 | 479 196 | 73.74 | 75.58 |
| 2011 | 767 791 | 5814 | 0.76 | 547 947 | 71.37 | 72.12 |
| 2012 | 914 675 | 4134 | 0.45 | 629 910 | 68.87 | 69.32 |
| 2013 | 1 075 217 | 3869 | 0.36 | 718 961 | 66.87 | 67.23 |
| 2014 | 1 229 386 | 7087 | 0.58 | 816 770 | 66.44 | 67.01 |
| 2015 | 1 382 824 | 10 975 | 0.79 | 939 540 | 67.94 | 68.74 |

注：数据来自《中国统计年鉴》。

从上表的数据统计结果可以看出，1991—2015 年我国资金运用情况具有如下显著特征：一方面，银行长期以来均是我国金融资源配置的主要渠道。自 1991 年来，虽然随着股权融资、企业债券、信托贷款等其他金融市场工具的不断兴起，银行信贷占资金运用总额的比例由当初的 93.08% 逐年下降至 2015 年的 67.94%，但每年仍占到我国资金运用总额 2/3 以上，这充分说明银行信贷在我国金融资源配置中仍处于主导性地位。另一方面，股权融资在我国金融资源配置中的作用越来越明显，但波动性较大。根据上表中的股权融资统计结果可以看出，1991 年我国上市企业股权融资仅为 5 亿元，占资金运用总额 0.03% 左右，2007 年的股权融资占比高达 2.70%，而 2015 年的股权融资虽然高达 10 975 亿元，但其所占资金运用总额的比例仅为 0.79%，这充分说明我国股权融资规模及其占比极不稳定。究其原因，我国证券市场制度仍非常不健全，企业上市审批常常受到各种宏观经济因素的影响，加上目前所实行的企业上市 IPO 审批的核准制与退市制度并不完善，这就使得股权融资审批及其规模大小易受政府干预，市场化程度不高，而且，退市制度的缺乏让我国证券市场成为诸多企业"圈钱"的工具[1][2]，这不仅使得投资者对我国证券市场缺乏信心，也使得证券市场价格信号失真严重。在上述原因共同作用下，其波动性程度必然加剧。

由于在未来很长一段时间内，银行信贷仍是我国金融资源配置的最主要手段，这就使得银行信贷资源配置效率的高低直接决定着我国金融资源配置效率水平。银行信贷资源配置效率的提升将有助于我国生产效率的提升，而银行信贷资源的错配势必对我国经济发展产生严重的阻碍作用。测度银行信贷资源错配程度大小不仅有助于直接了解我国银行信贷的资源配置效率现状，更有利于提出有益的政策建议供政策制定部门参考，具有重要的现实意义。与此同时，随着近些年来我国证券市场股权融资规模的不断扩大，其有效缓解了诸多企业的融资约束困境，但股权融资错配行为的发生也必将对我国宏观经济的发展产生越来越重要的影响。分析我国证券市场资源错配程度不仅有利于了解证券市

---

[1] 倪敏，黄世忠.上市公司配股动机分析：圈钱还是投资好项目？[J].中南财经政法大学学报，2013（6）：86-95.
[2] 朱云，吴文锋，吴冲锋，等.融资受限、大股东"圈钱"与再发行募集资金滥用[J].管理科学学报，2009，12（5）：100-109.

场资源配置效率现状，而且能有助于更进一步地采取相应举措以提升我国证券市场资源配置效率，从而确保证券市场优化资源配置这一功能的有效发挥。

## 4.2 银行信贷资源错配程度测算

### 4.2.1 测算方法

因金融资源错配属于资源配置效率理论范畴，于是目前诸多国内外学者基于"错配必然导致效率损失"这一逻辑，通过测算因资源错配所导致的全要素生产率的损失程度大小来反向推算资源错配的大小。虽然已有国内外学者基于生产效率损失法对我国的整体资源错配程度或劳动、土地、资源价格等生产要素的扭曲和错配程度进行了度量和分析，如 Aoki（2011）、陈永伟等（2011）、袁志刚等（2011）、邵宜航等（2013）、杨震宇（2015）、白俊红等（2016）、周新苗等（2017），但据笔者所知，除靳来群（2015）和鞠市委（2016）等对我国银行信贷资源错配进行专门的测算外，迄今尚未有对我国银行信贷进行深层次研究的相关文献。在对金融资源错配程度测算问题的研究中，鞠市委（2016）对目前资源错配程度测算所经常采用的方法进行了有效的总结[①]。具体包括以下几种。

（1）间接法

为了反映我国支持国有企业的政府控制性水平给金融资源配置所带来的扭曲效应，鲁晓东（2008）采用如下两组指标来间接反映我国金融资源错配程度大小。

1）四大国有银行贷款占全国银行总贷款的比例

由于各地区银行信贷在国有与非国有部门间的数据不可得，所以鲁晓东以中、农、工、建四大国有银行贷款占全国信贷总额的比例来衡量我国总体金融资源配置的扭曲水平。其基本逻辑在于：在中国的银行体系中，不仅储蓄存款资金主要集中在国有银行，而且贷款资金的投向也主要集中于国有企业。因为国有银行的主要贷款对象是国有企业，该指标可以用于反映中国金融体系对国

---

[①] 鞠市委. 我国金融资源错配及其影响研究 [J]. 技术经济与管理研究，2016（7）：80–87.

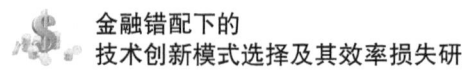

有企业的金融支持力度,自然被配置给其他性质企业的信贷数量将被扭曲。

2)国有商业银行的存贷比

该指标反映中国银行体系的另一种政策性金融资源配置扭曲,即中央银行的干预。因为中国的储蓄规模由经济活动直接决定,但贷款规模主要服务于政策性目标并严格按照信贷计划去执行,这势必造成金融活动与市场活动脱节,导致资金需求量大的企业或部门得不到足额的贷款。这一指标由 Lardy(1998)首创,后被 Dayal-Gulati 等(2002)及 Boyreau-Debray(2003)所借鉴[①②]。

该方法虽然具有简单易操作的优点,但随着近些年来我国银行业市场结构的不断变化与竞争程度的加强,四大国有银行的业务占比已大幅下降,股份制银行、城商行等其他银行在服务于中小企业、地方企业等方面正做出越来越重要的贡献,因此,有必要对该方法进行相应的调整与完善。

(2)生产效率损失法

用生产效率损失法来对金融资源错配程度进行测算时,所基于的基本逻辑为:金融资源错配势必造成效率损失。因此,该方法是通过测算生产效率损失的大小来间接反映金融资源错配程度的大小。较早使用该方法来测算金融资源错配程度的有 Aoki(2009)和 Hsieh 等(2009)。后来,Bartelsman 等(2013)、Brandt 等(2013)、Midrigan 等(2014)、陈永伟等(2011)、邵宜航等(2013)等诸多研究均以该方法为基础,对不同地区和行业的金融资源错配程度进行了测算。靳来群(2015)则在综合 Hsieh 等(2009)和 Brandt 等(2013)基础上,进一步对我国制造业因所有制歧视所造成的金融资源错配程度大小进行了测算。

这里以靳来群(2015)为例来介绍金融资源错配程度测算的生产效率损失法[③]。假设整个经济由国有与非国有两个部门构成,且企业数量分别为 $p$ 和 $n$,

---

① LARDY N R. China's unfinished economic revolution [M]. Washington, D.C.:Brookings Institution Press,1998.

② DAYAL-GULATI A, HUSAIN A. Centripetal forces in China's economic take-off [J]. IMF staff papers,2002,49(3):364-394.

③ 靳来群. 所有制歧视所致金融资源错配程度分析[J]. 经济学动态,2015(6):36-44.

整个经济生产函数采用常系数替代弹性（CES）形式：

$$Y = (Y_p^\sigma + Y_n^\sigma)^{\frac{1}{\sigma}}。 \qquad (4-1)$$

式中，$Y$ 为最终产出，$Y_p$ 和 $Y_n$ 分别为国有与非国有部门的产出水平。再假设每个生产部门的生产函数也采用 CES 形式，即：

$$Y_i = \left(\sum_{j=1}^{M_i} Y_{ij}^\phi\right)^{\frac{1}{\phi}}。 \qquad (4-2)$$

式中，每个部门 $i$ 中有 $M_i$ 家具体的企业，每家企业的产出水平存在差异性，$Y_{ij}$ 表示企业产出，且采用柯布-道格拉斯生产函数形式：

$$Y_{ij} = A_{ij} K_{ij}^\alpha L_{ij}^{1-\alpha}。 \qquad (4-3)$$

再假设每个部门的劳动与资本投入要素总量等于该部门各个企业该类生产要素的简单加总，即 $L_i = \sum_{j=1}^{M_i} L_{ij}$，$K_i = \sum_{j=1}^{M_i} K_{ij}$，而整个经济的投入要素分别为 $L = L_p + L_n$，$K = K_p + K_n$。定义 $l_{ij} = \frac{L_{ij}}{L_i}, k_{ij} = \frac{K_{ij}}{K_i}, l_i = \frac{L_i}{L}, k_i = \frac{K_i}{K}$，则每个部门及总体全要素生产率的计算公式为：

$$A_i = \left(\sum_{j=1}^{M_i} Y_{ij}^\phi\right)^{\frac{1}{\phi}} / K_i^\alpha L_i^{1-\alpha} = \left[\sum_{j=1}^{M_i} (A_{ij} k_{ij}^\alpha l_{ij}^{1-\alpha})^\phi\right]^{\frac{1}{\phi}}； \qquad (4-4)$$

$$A = [Y_p^\sigma + Y_n^\sigma]^{\frac{1}{\sigma}} / K^\alpha L^{1-\alpha} = \left[(A_p k_p^\alpha l_p^{1-\alpha})^\sigma + (A_n k_n^\alpha l_n^{1-\alpha})^\sigma\right]^{\frac{1}{\sigma}}。 \qquad (4-5)$$

若以 $\tau r$ 表示企业融资成本价格，$\tau$ 为资本价格扭曲程度，$A^*$ 为无资本价格扭曲时的全要素生产率水平，则因资本价格扭曲所导致的效率损失为：

$$d = (A^*/A) - 1。 \qquad (4-6)$$

进一步对相关参数进行赋值后，便可以间接测算出其金融资源价格错配程度大小 $\tau$。

生产效率损失法虽然被普遍采用，但该方法是从"错配必然导致效率损失"这一理念出发，不仅容易忽略各种不同金融资源错配形态自身的特征与属性，而且也将金融资源错配导致效率损失的作用机制进行"黑箱化"处理。此外，当采用该方法来对金融资源错配程度进行测算时，还需要依赖于对大量外生变量的赋值才能得以间接测算出具体的金融资源错配程度大小。考虑到诸多外生变量的特质性与时变性，该方法难以对金融资源错配程度大小进行适时的测算。

（3）偏离度法

偏离度法包括价格偏离度法和数量偏离度法两种。在充分借鉴 Chari 等（2007）与 Hsieh 等（2009）做法基础上，Song 等（2011）基于企业资本成本价格相对于社会平均资本成本价格的偏离程度来测算金融资源的价格错配程度，即 $r_i=r(1+\eta)$。其中，$r$ 代表平均资本使用成本，$\eta$ 表示资本价格错配程度。

因 Allen 等（2005）、Dollar 等（2007）、Song 等（2011）发现我国的国有企业和民营企业在生产效率和融资能力方面的差异达到令人震惊的地步，鞠市委（2015）基于企业控股权差异提出了另一金融资源错配程度测算偏离度法。该方法以民营企业的债务融资比重／产值比重相对于最优水平的偏离程度大小来反映我国民营企业所面临的金融资源数量错配程度，具体如下：

$$F_m=1-（民营企业债务融资额比重／民营企业产值比重）。 \quad (4-7)$$

式中，$F_m$ 表示企业债务融资数量错配程度大小。当该比值越接近 0 时，偏离数值越小，则错配程度越低；反之，则说明错配程度越高。

显然，该方法是用民营企业相对于其他类型企业的债务融资可得性偏离其产出水平来衡量金融资源数量错配程度的大小。

相比较而言，虽然偏离度法具有算法简洁、可操作性强等优势，但其仅依据民营企业的债务融资比／产值比的偏离程度来度量金融资源错配程度，忽略了我国特殊经济发展阶段不同所有制企业的内在规模差异。虽然 2013 年党的十八届三中全会审议通过的《中共中央关于全面深化改革若干重大问题的决定》将混合所有制上升为我国基本经济制度的重要实现形式，但在此之前国有经济成分对我国经济发展的特殊作用不容忽视。如果该方法能进一步结合我国不同所有制经济成分的历史演进规律加以完善，其优势将进一步得到凸显。

（4）敏感度分析法

敏感度分析法由 Wurgler（2000）首先提出，李青原等（2013）利用该模型在研究金融发展对地区资本配置效率的具体影响时发现，金融发展促进了中国地区实体经济资本配置效率的提升，但地方政府对信贷决策的干预会阻碍金融系统对中国地区实体经济资本配置效率功能的发挥。王钰等（2015）基于Wurgler（2000）模型对政府干预如何影响银行信贷价格与数量进行研究时发现，地方政府干预对信贷数量配置效率的影响不显著，但政府干预会损害信贷价格配置效率。刘斌斌等（2017）也基于 Wurgler（2000）所提出的模型对金融结构

# 第四章
## 我国金融市场资源错配程度测算

差异如何影响地区信贷资金配置效率进行了分析，研究发现，我国信贷价格配置效率较高，但在信贷资金的数量配置上缺乏效率。

虽然该方法紧紧围绕金融资源配置应遵循效率优先这一本质要求，但敏感度分析法事实上属于间接测算方法的一种，它主要是用企业融资数量或价格对企业融资需求的敏感程度来反映金融资源配置效率的高低，并未对金融资源错配的具体程度进行准确衡量。

（5）熵值法

在对我国银行信贷资源错配程度测算进行研究的过程中，虽然上述各种方法在不同时期发挥了积极的作用，但这些方法或因微观企业数据的缺失难以为继，或因代理指标过于笼统而难以对当前我国银行信贷资源错配程度进行适时测算。鉴于我国银行信贷资源错配程度测算的现状，这里提出了一种新的银行信贷资源错配程度测算方法对某一区域或某一经济体的错配程度进行测算。该方法不仅更能切实反映我国银行信贷资源错配产生的原因，还可以有效克服因微观企业数据缺失而带来的不便和不可复制性。

众所周知，在我国经济发展过程中，长期存在着明显的"二元"所有制经济结构特征。在我国长期存在的"二元"所有制经济结构特征影响下，一方面，我国金融资源错配主要是受非市场因素影响，银行信贷所有制歧视和国有企业的漏损效应等使得国有和民营企业面临不对称的融资约束，导致金融资源不能按效率均等原则在不同所有制企业间进行合理配置；另一方面，由于长期的历史原因，我国各地区经济发展水平、金融市场化程度及政府干预程度等诸多方面均存在巨大差异，这又使得不同地区的国有与民营企业发展程度、发达水平及其所面临的融资约束亦存在明显差异。在综合考虑地区经济发展水平、金融发达程度和不同所有制发展规模等方面差异影响后，这里引入了信息论中熵的概念来测量各地区银行信贷资源配置的效率不均等性。若记 $DM$ 为银行信贷资源错配指数，则其定义如下[①]：

$$DM = \left| \sum_{i=1}^{k} \frac{Y_i}{Y} \ln\left(\frac{D_i/Y_i}{D/Y}\right) = \sum_{i=1}^{k} \frac{Y_i}{Y} \ln\left(\frac{D_i Y}{D Y_i}\right) \right| \quad (4-8)$$

---

① 刘斌斌，陈熹. 信贷错配环境下知识产权保护对区域技术创新影响分析：基于中美贸易战背景的思考［J］. 金融经济学研究，2020，35（2）：137-149.

式中，$k$ 表示某一经济体中企业所有制类型个数；$Y_i$ 表示每一所有制企业年度主营业务收入水平；$Y=Y_1+Y_2+\cdots+Y_k$；$D_i$ 表示不同所有制企业年度所获得的银行信贷数量，等于企业负债合计减去流动负债之差；$D$ 表示各不同所有制的银行信贷数量 $D_i$ 之和。若定义 $D_iY/DY_i$ 为银行信贷在不同所有制企业间配置的比较效率，则当银行信贷资源按效率均等原则进行配置时，$D_iY/DY_i=1$，这时银行信贷资源错配指数 $DM=0$，银行信贷资源配置效率最高，亦即错配程度最低。当 $DM \neq 0$ 时，说明银行信贷资源并非按照企业生产效率的高低在企业间进行配置，银行信贷资源出现错配现象。$DM$ 值越小，错配程度越低；反之，则错配程度越高。

### 4.2.2 我国银行信贷资源错配程度测算

考虑到 2008 年金融危机对我国金融资源配置所带来的不利影响，基于公式（4-8）对我国 31 个省区市 2011—2015 年银行信贷资源错配程度进行测算后，所得结果如表 4-2 所示。

表 4-2 31 个省区市 2011—2015 年银行信贷资源错配程度测算结果

| 地区 | 2011 年 | 2012 年 | 2013 年 | 2014 年 | 2015 年 |
| --- | --- | --- | --- | --- | --- |
| 北京 | 0.1247 | 0.1225 | 0.1120 | 0.1238 | 0.1182 |
| 天津 | 0.1852 | 0.1181 | 0.1262 | 0.2085 | 0.0964 |
| 河北 | 0.4828 | 0.4684 | 0.4620 | 0.3018 | 0.3521 |
| 山西 | 0.1669 | 0.0873 | 0.1408 | 0.0680 | 0.0499 |
| 内蒙古 | 0.3326 | 0.4003 | 0.2937 | 0.3533 | 0.3537 |
| 辽宁 | 0.2924 | 0.3002 | 0.3503 | 0.2621 | 0.2517 |
| 吉林 | 0.1978 | 0.1361 | 0.1748 | 0.1429 | 0.0299 |
| 黑龙江 | 0.1136 | 0.2039 | 0.2369 | 0.1595 | 0.2333 |
| 上海 | 0.0749 | 0.0595 | 0.0358 | 0.0423 | 0.0271 |
| 江苏 | 0.3055 | 0.4004 | 0.3774 | 0.3409 | 0.3458 |
| 浙江 | 0.2593 | 0.2350 | 0.2713 | 0.2855 | 0.3389 |
| 安徽 | 0.3630 | 0.4334 | 0.3931 | 0.3889 | 0.4743 |

续表

| 地区 | 2011年 | 2012年 | 2013年 | 2014年 | 2015年 |
|---|---|---|---|---|---|
| 福建 | 0.5286 | 0.4396 | 0.5547 | 0.5912 | 0.7521 |
| 江西 | 0.3019 | 0.2448 | 0.2242 | 0.1527 | 0.1316 |
| 山东 | 0.3019 | 0.2893 | 0.3258 | 0.2416 | 0.3332 |
| 河南 | 0.3762 | 0.3672 | 0.3371 | 0.3520 | 0.3101 |
| 湖北 | 0.1533 | 0.1640 | 0.2025 | 0.1742 | 0.1822 |
| 湖南 | 0.2671 | 0.3069 | 0.3349 | 0.3438 | 0.2571 |
| 广东 | 0.4144 | 0.2654 | 0.2042 | 0.2683 | 0.2901 |
| 广西 | 0.1977 | 0.2931 | 0.2562 | 0.2856 | 0.2124 |
| 海南 | 0.2011 | 0.0878 | 0.1939 | 0.0828 | 0.1042 |
| 重庆 | 0.3299 | 0.2122 | 0.2460 | 0.2529 | 0.2883 |
| 四川 | 0.3727 | 0.3788 | 0.4719 | 0.4977 | 0.5926 |
| 贵州 | 0.1993 | 0.1403 | 0.1503 | 0.1485 | 0.1560 |
| 云南 | 0.1259 | 0.1698 | 0.2981 | 0.2049 | 0.1933 |
| 西藏 | 0.1106 | 0.3759 | 0.4907 | 0.1442 | 0.2569 |
| 陕西 | 0.1009 | 0.0912 | 0.1062 | 0.1010 | 0.1514 |
| 甘肃 | 0.0123 | 0.0171 | 0.0137 | 0.0102 | 0.0072 |
| 青海 | 0.0560 | 0.1435 | 0.2346 | 0.1596 | 0.2357 |
| 宁夏 | 0.1721 | 0.0623 | 0.0346 | 0.1204 | 0.1129 |
| 新疆 | 0.0338 | 0.0071 | 0.0020 | 0.0168 | 0.0655 |

注：数据来自国家统计局官方网站。

为了更直观地比较各地区银行信贷资源配置效率及其变化趋势，将上表中的 $DM$ 值绘制成图 4-1。

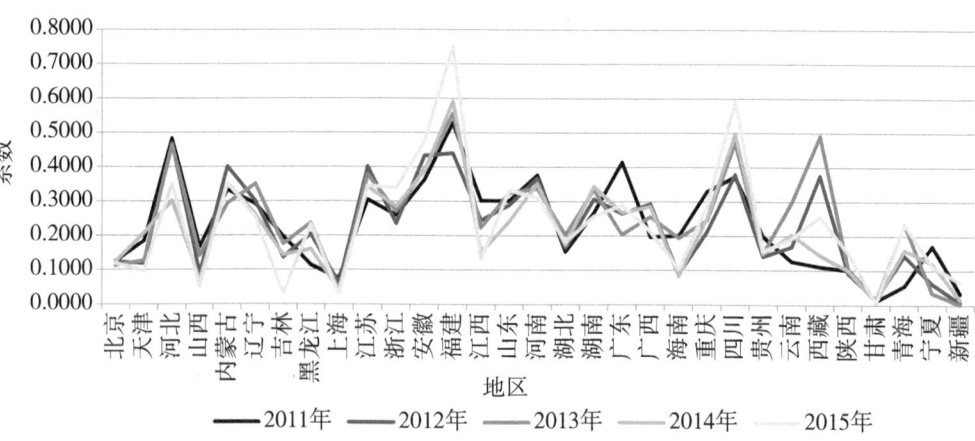

图 4-1　31 个省区市 2011—2015 年银行信贷资源错配程度测算结果

另外，因为我国各地区之间无论是在经济发展水平上还是在金融发达程度上均存在着较大差异，且近些年来各地区经济和金融发展速度各异，加上地方财政分权制度影响，各地区会因地制宜地采取相应的金融管理措施。为了从整体上把握各地区银行信贷资源错配程度大小及其变化情况，现将表 4-2 中 31 个省区市 2011—2015 年银行信贷资源错配程度进行描述性统计，所得结果如表 4-3 所示。

表 4-3　31 个省区市 2011—2015 年银行信贷资源错配程度描述性统计结果

| 地区 | 均值 | 中位数 | 标准差 | 最小值 | 最大值 | 平均增长率 / % |
|---|---|---|---|---|---|---|
| 甘肃 | 0.0121 | 0.0123 | 0.0037 | 0.0072 | 0.0171 | -10.3659 |
| 新疆 | 0.0250 | 0.0168 | 0.0257 | 0.0020 | 0.0655 | 23.4467 |
| 上海 | 0.0479 | 0.0423 | 0.0192 | 0.0271 | 0.0749 | -15.9546 |
| 宁夏 | 0.1005 | 0.1129 | 0.0536 | 0.0346 | 0.1721 | -8.5997 |
| 山西 | 0.1026 | 0.0873 | 0.0495 | 0.0499 | 0.1669 | -17.5255 |
| 陕西 | 0.1101 | 0.1010 | 0.0237 | 0.0912 | 0.1514 | 12.5124 |
| 北京 | 0.1202 | 0.1225 | 0.0052 | 0.1120 | 0.1247 | -1.3031 |
| 海南 | 0.1340 | 0.1042 | 0.0586 | 0.0828 | 0.2011 | -12.0462 |
| 吉林 | 0.1363 | 0.1429 | 0.0645 | 0.0299 | 0.1978 | -21.2209 |

续表

| 地区 | 均值 | 中位数 | 标准差 | 最小值 | 最大值 | 平均增长率/% |
|---|---|---|---|---|---|---|
| 天津 | 0.1469 | 0.1262 | 0.0476 | 0.0964 | 0.2085 | -11.9870 |
| 贵州 | 0.1589 | 0.1503 | 0.0233 | 0.1403 | 0.1993 | -5.4315 |
| 青海 | 0.1659 | 0.1596 | 0.0745 | 0.0560 | 0.2357 | 80.2232 |
| 湖北 | 0.1752 | 0.1742 | 0.0187 | 0.1533 | 0.2025 | 4.7130 |
| 黑龙江 | 0.1894 | 0.2039 | 0.0525 | 0.1136 | 0.2369 | 26.3424 |
| 云南 | 0.1984 | 0.1933 | 0.0634 | 0.1259 | 0.2981 | 13.3836 |
| 江西 | 0.2110 | 0.2242 | 0.0694 | 0.1316 | 0.3019 | -14.1024 |
| 广西 | 0.2490 | 0.2562 | 0.0427 | 0.1977 | 0.2931 | 1.8589 |
| 重庆 | 0.2659 | 0.2529 | 0.0449 | 0.2122 | 0.3299 | -3.1525 |
| 西藏 | 0.2757 | 0.2569 | 0.1590 | 0.1106 | 0.4907 | 33.0696 |
| 浙江 | 0.2780 | 0.2713 | 0.0388 | 0.2350 | 0.3389 | 7.6745 |
| 广东 | 0.2885 | 0.2683 | 0.0773 | 0.2042 | 0.4144 | -7.4988 |
| 辽宁 | 0.2913 | 0.2924 | 0.0387 | 0.2517 | 0.3503 | -3.4798 |
| 山东 | 0.2984 | 0.3019 | 0.0363 | 0.2416 | 0.3332 | 2.5919 |
| 湖南 | 0.3020 | 0.3069 | 0.0390 | 0.2571 | 0.3438 | -0.9360 |
| 内蒙古 | 0.3467 | 0.3533 | 0.0386 | 0.2937 | 0.4003 | 1.5860 |
| 河南 | 0.3485 | 0.3520 | 0.0261 | 0.3101 | 0.3762 | -4.3926 |
| 江苏 | 0.3540 | 0.3458 | 0.0364 | 0.3055 | 0.4004 | 3.2979 |
| 安徽 | 0.4105 | 0.3931 | 0.0436 | 0.3630 | 0.4743 | 7.6653 |
| 河北 | 0.4134 | 0.4620 | 0.0813 | 0.3018 | 0.4828 | -6.7678 |
| 四川 | 0.4627 | 0.4719 | 0.0913 | 0.3727 | 0.5926 | 14.7505 |
| 福建 | 0.5732 | 0.5547 | 0.1146 | 0.4396 | 0.7521 | 10.5704 |

从上表中的描述性统计结果可知,2011—2015年我国31个省区市在银行

信贷资源错配程度平均水平、变化趋势及其波动性大小方面存在如下显著性特征。

在银行信贷资源错配程度平均水平方面,错配程度较低的前10个省区市分别为甘肃、新疆、上海、宁夏、山西、陕西、北京、海南、吉林和天津,其中甘肃的银行信贷资源错配程度平均水平在2011—2015年处于全国最低,银行信贷资源错配指数均值仅为0.0121;错配程度属于中等水平的10个省区市分别为贵州、青海、湖北、黑龙江、云南、江西、广西、重庆、西藏和浙江;错配程度较高的省区市则包括广东、辽宁、山东、湖南、内蒙古、河南、江苏、安徽、河北、四川和福建,其中福建在2011—2015年的银行信贷资源错配程度平均水平居全国之首,银行信贷资源错配指数均值为0.5732。考虑到近几年来各地区所实施的金融政策差异可能会导致银行信贷资源配置效率波动较大而影响到均值排序结果的可信度,于是表中还同时对2011—2015年我国31个省区市银行信贷资源错配指数的中位数进行了统计。结果发现,从2011—2015年我国31个省区市银行信贷资源错配指数的中位数来看,指数较低的10个省区市分别为甘肃、新疆、上海、山西、陕西、海南、宁夏、北京、天津和吉林;错配指数中位数处于中等水平的10个省区市为贵州、青海、湖北、云南、黑龙江、江西、重庆、广西、西藏和广东;而剩下的11个省区市银行信贷资源错配指数的中位数则较高。由此可见,银行信贷资源错配指数中位数排序结果与均值排序结果基本一致。

在银行信贷资源错配程度变化趋势方面,根据银行信贷资源错配指数的定义可知,指数越小说明地区银行信贷资源错配程度越低,且当指数增长率为负时,这说明地区银行信贷资源错配程度得到缓解,反之则说明银行信贷资源错配程度在恶化。根据上表中的银行信贷资源错配指数平均增长率统计结果可以看出:在我国31个省区市中,2011—2015年的银行信贷资源错配指数平均增长率显著为负或者说银行信贷资源错配程度明显得到改善的有吉林、山西、上海、江西、海南、天津、甘肃、宁夏、广东、河北、贵州、河南、辽宁、重庆、北京和湖南这16个省区市。在这些省区市中,尤以吉林的错配程度改善速度最为明显。2011—2015年,吉林银行信贷资源错配指数平均以−21.2209%在递减,也就是银行信贷资源配置效率以21.2209%的平均速度在不断提升。在此期间,余下15个省区市的银行信贷资源错配指数均出现不同程度的上升，说明银行信贷资源错配程度在进一步加深，其中尤以青海最为严重。

在银行信贷资源错配程度波动性方面，根据上表中的标准差统计结果显示，2011—2015年，我国银行信贷资源错配程度最不稳定的10个省区市分别为西藏、福建、四川、河北、广东、青海、江西、吉林、云南和海南，其中西藏的波动程度最为明显，该地区2011—2015年银行信贷资源错配指数变化的标准差为0.1590。波动程度处于中等水平的省区市包括宁夏、黑龙江、山西、天津、重庆、安徽、广西、湖南、浙江和辽宁，而余下的11个省区市2011—2015年的银行信贷资源错配程度相对稳定，其中尤以甘肃最为明显。在2011—2015年，甘肃的银行信贷资源错配指数波动标准差仅为0.0037。

根据上表中的银行信贷资源错配程度描述性统计结果可以看出：除上海和北京两地外，像广东、浙江、江苏、山东和福建这些地区的经济发展水平虽然较高，但其银行信贷资源错配程度甚为严重；甘肃、新疆、宁夏、青海等诸多地区的生产力水平虽然较低，但其银行信贷资源错配程度亦处于较低水平。由此可见，在我国金融资源配置过程中，金融资源配置效率水平与地区经济发达程度之间存在明显的失衡性特征。由此引发如下重要思考：①银行信贷资源的错配一定阻碍经济的发展或者经济总量的扩张吗？如果不是，那么在我国经济快速发展模式下，何种金融资源配置模式会更适合我国经济的发展需要呢？②效率与公平相比，究竟在何时选择何种目标更适合我国经济发展的需要呢？对这些经济学中最根本的问题仍有待进一步深入探讨和研究。

## 4.3 证券市场资源错配程度测算

自20世纪90年代深圳证券交易所与上海证券交易所成立以来，我国股票市场A股IPO融资额从1991年的5亿元上升至2016年1634亿元，股权融资已然越来越成为我国企业重要融资渠道之一。众所周知，我国股权市场IPO先后经历了审批制与核准制阶段，虽然李克强总理提出了企业IPO注册制改革思路，但目前仍未完全实施且仍主要处于核准制阶段。在2000年以前的审批制下，能够进行股权融资的上市企业大部分是国有企业或国家急需扶持与发展产业内的企业，这使得民营企业基本上被股权融资拒之门外。2000年以后，随着我国企业 IPO 审批制度由审批制向核准制的转变，以及国有企业民营化趋势的强化，越来越多的民营企业获批上市并进行了大量的权益性融资，有效缓解了民营企业信贷融资约束。进一步地，随着中小板、创业板、新三板和科创板的相继出现，将会有越来越多的民营企业通过证券市场以 IPO 或各种股权再融资形式获得资金支持，证券市场正在我国整体金融资源配置中发挥着越来越重要的作用。虽然银行体系在未来很长一段时期内仍是我国金融资源配置的最主要渠道，但随着股权融资规模的不断扩大，证券市场在优化我国金融资源配置中的积极作用不容忽视，证券市场资源配置效率将直接影响我国金融资源配置整体效率。

### 4.3.1 测算方法

金融资源配置效率的提升是市场化进程的产物。审批制下企业 IPO 审核基本上并不是一种市场行为而是政府行为的结果，而随着企业 IPO 审批制的结束及民营企业股权融资机会的增多，我国证券市场的市场化程度明显提升，相继成立的中小板、创业板等则进一步推进了我国证券市场的市场化改革进程。企业股权融资包括 IPO 和股权再融资两种，股权再融资又可分为增发和配股。定向增发又因自身优势基本取代了配股和公开增发而成为我国上市企业股权再融资的主要方式。因我国证券市场起步较晚，虽然诸多学者对银行信贷资源错配程度提出了许多具体测算模型和方法，但对证券市场资源错配程度测算模型的构建与方法的提出仍有待进一步深入。

（1）相关系数法

金融资源错配的内涵表明，当金融资源出现错配时，有限而稀缺的金融资源将不会按照效率均等原则在不同企业间进行合理配置。这意味着那些资产盈利能力强、发展前景好而同时又急需得到资金配置的企业难以获得足额的资金支持，而那些盈利能力差的企业却能获得更多资金，资金配置与企业外部融资需求不匹配。理论上而言，合理的证券市场资源配置模式应根据企业外部融资需求的迫切程度对其进行资源配置。当企业外部融资需求越强烈时，其通过证券市场所获得的外部融资机会越多、融资规模也越大，而那些外部融资需求较低的企业获得的融资机会较少、融资规模较小，企业证券市场外部融资的多寡应与其外部融资需求相匹配。否则，在金融资源稀缺假定下，倘若证券市场融资机会和融资规模大小不能与企业外部融资需求进行匹配，必然导致证券市场资源错配现象。

为了深入了解我国证券市场股权融资是否存在资源错配现象及资源错配严重程度，首先需要对企业外部融资需求程度进行有效的测算。在测算上市企业外部融资需求程度时，这里借鉴Demirguc-kunt等（1998）[1]和Durney等（2005）[2]所提出的企业外部融资需求指标来进行。具体定义如下：

$$RE_t = \frac{A_t - A_{t-1}}{A_{t-1}} - \frac{ROE_{t-1}}{1 - ROE_{t-1}} \text{。} \qquad (4-9)$$

式中，$RE_t$代表企业第$t$期的外部融资需求程度；$A$为企业年末总资产；$ROE$为企业净资产收益率；$(A_t-A_{t-1})/A_{t-1}$为企业资产增长率；$ROE_{t-1}/(1-ROE_{t-1})$为企业可持续增长率；资产增长率与其可持续增长率之差$(A_t-A_{t-1})/A_{t-1}-ROE_{t-1}/(1-ROE_{t-1})$则为企业外部融资需求大小。

根据融资优序理论，理性的企业融资应遵循"先内部、后外部；先债务、后股权"的原则进行。合理的金融资源配置要求当企业外部融资需求越强烈时，其所获得的外部融资机会和外部融资金额越多；反之则越少。由此可见，如果企业外部融资需求与其所获得的外部融资金额成正比例关系，则说明金融资源配置是有效的；如果这两者之间存在反比例关系，则说明金融资源配置是无效的，必然存在一定程度的金融资源错配现象。进一步地，当企业外部融资需求与外部融资规模这两者之间相关程度越高时，金融资源配置效率越高；反之则越低。基于此逻辑，这里以企业外部融资需求与其外部融资规模之间的相关系数来间接反映金融资源错配程度大小。外部融资包括债务融资和股权融资两种，而企业债务融资又可以通过发行债券或向银行申请贷款来获取。由于我国企业债券市场目前尚不完善，所以一般仅根据上市企业的股权融资和银行信贷债务融资这两种外部融资渠道所获得的资金来计算其外部融资规模。

---

[1] DEMIRGUC-KUNT A, MAKSIMOVIC V.Law, finance and firm growth [J]. Journal of finance, 1998, 53（6）: 2107–2137.

[2] DURNEY A, KIM E H. To steal or not to steal: firm attributes, legal environment, and valuation [J]. The journal of finance, 2005, 60（3）: 1461–1493.

### （2）融资需求满意度法

随着我国证券市场的不断发展与完善，除银行信贷外，证券市场股权融资正越来越成为企业融资的另一重要渠道。根据资源配置优化理论，有限而稀缺的金融资源应按照外部融资需求大小在不同企业间进行有效的配置，外部融资需求高的企业应获得更多资金，外部融资需求低的企业应获得较少资金。否则，金融资源将出现错配现象。基于 Demirguc-kunt 等（1998）及 Durnev 等（2005）的做法计算出企业外部融资需求大小后，这里将通过如下模型来测算微观企业金融资源错配程度的大小：

$$\frac{RZ_t}{A_t} = \left(\frac{A_t - A_{t-1}}{A_{t-1}} - \frac{ROE_{t-1}}{1 - ROE_{t-1}}\right)(1+\theta)。 \quad (4-10)$$

式中，$RZ$ 为外部融资总额，等于企业外部债务融资额与股权融资额之和；$A$ 为企业总资产；$RZ/A$ 为企业融资率水平；$ROE$、$(A_t-A_{t-1})/A_{t-1}$、$ROE_t/(1-ROE_t)$ 和 $(A_t-A_{t-1})/A_{t-1}-ROE_{t-1}/(1-ROE_{t-1})$ 与公式（4-9）中的含义相同。若定义 $FM_2$ 等于 $\theta$ 的绝对值，则 $FM_2$ 反映了企业的实际外部融资相对于其外部融资需求的偏离程度，用以衡量企业所面临的金融资源错配在数量上的程度大小。当 $FM_2=0$，即企业外部融资等于其外部融资需求大小时，则企业可以按其外部融资需求获得相应水平的外部融资数额，金融资源得到有效配置；但当 $FM_2 \neq 0$ 时，则企业的外部融资偏离了其实际外部融资需求，金融资源出现错配。$FM_2$ 数值的大小反映企业金融资源错配程度的高低。数值越大说明错配程度越严重，反之则越轻。

### 4.3.2 我国证券市场资源错配程度测算

因融资需求满意度法更多适用于对微观企业的金融资源错配程度的测算，考虑到我国微观企业数量众多，这里无法对其进行一一测算。因此，这里仅基于相关系数法来对证券市场金融资源各地区错配程度进行具体测算。

为了测算我国证券市场金融资源在各地区配置效率的高低，在充分考虑到 2008 年金融危机对我国证券市场所带来的巨大影响后，这里将以 2011—2015 年上市企业为样本，并在经过如下程序对相关数据进行处理后来测算我国证券市场在各地区的资源错配程度：①剔除金融类上市公司样本；②删除负债大于资产的上市公司样本；③删除数据不全的上市公司样本；④对筛选后的数

# 第四章
## 我国金融市场资源错配程度测算

据进行 Winsorize 处理以消除异常值所带来的不利影响。经过上述处理后，得到 2011—2015 年的上市企业样本数量分别为 1602 个、1956 个、2250 个、2394 个和 2395 个。在计算出上市企业外部融资需求程度后，进一步对 31 个省区市上市企业外部融资需求与其外部融资规模之间的相关系数进行测算，所得结果如表 4-4 所示。其中，外部融资规模等于该年度债务融资规模与股权融资规模之和。

表 4-4　31 个省区市 2011—2015 年上市企业外部融资需求与其外部融资规模相关系数

| 地区 | 2011 年 相关系数 | 样本数/个 | 2012 年 相关系数 | 样本数/个 | 2013 年 相关系数 | 样本数/个 | 2014 年 相关系数 | 样本数/个 | 2015 年 相关系数 | 样本数/个 |
|---|---|---|---|---|---|---|---|---|---|---|
| 安徽 | -0.1490 | 52 | -0.1120 | 60 | -0.1968 | 72 | -0.0595 | 73 | 0.0441 | 73 |
| 北京 | 0.1307 | 111 | 0.1313 | 145 | 0.0883 | 172 | 0.1225 | 194 | 0.0179 | 193 |
| 福建 | 0.1604 | 59 | 0.0815 | 75 | 0.0055 | 85 | 0.0289 | 91 | 0.0497 | 90 |
| 甘肃 | 0.3296 | 22 | 0.0889 | 23 | 0.4193 | 24 | 0.0290 | 24 | 0.2398 | 25 |
| 广东 | -0.0066 | 205 | 0.0759 | 275 | 0.0283 | 322 | -0.0077 | 350 | 0.0432 | 352 |
| 广西 | 0.1527 | 24 | 0.1314 | 26 | 0.1312 | 28 | 0.1132 | 29 | -0.1832 | 30 |
| 贵州 | 0.0076 | 18 | 0.0060 | 20 | -0.1516 | 21 | 0.1417 | 21 | -0.0531 | 21 |
| 海南 | 0.2475 | 24 | 0.4798 | 24 | 0.3632 | 28 | 0.0413 | 28 | 0.2973 | 27 |
| 河北 | -0.0733 | 31 | 0.0395 | 41 | 0.3888 | 47 | 0.2062 | 48 | 0.0722 | 49 |
| 河南 | 0.4783 | 40 | -0.0522 | 52 | 0.0542 | 61 | -0.2977 | 64 | 0.1853 | 65 |
| 黑龙江 | 0.1846 | 26 | -0.3236 | 31 | 0.6295 | 32 | 0.0620 | 34 | 0.0609 | 32 |
| 湖北 | 0.2488 | 63 | 0.0857 | 67 | -0.0262 | 77 | -0.0143 | 80 | -0.1162 | 81 |
| 湖南 | 0.3640 | 50 | 0.0468 | 59 | 0.0390 | 67 | 0.2050 | 72 | 0.0381 | 73 |
| 吉林 | 0.3595 | 31 | 0.1561 | 36 | 0.0525 | 39 | 0.2160 | 41 | 0.0579 | 40 |
| 江苏 | 0.0002 | 124 | 0.0883 | 164 | 0.1922 | 210 | 0.0258 | 228 | -0.0048 | 227 |
| 江西 | 0.4292 | 27 | -0.1143 | 31 | -0.1330 | 31 | -0.0846 | 34 | -0.0005 | 34 |
| 辽宁 | 0.2684 | 51 | 0.0279 | 61 | -0.0298 | 64 | -0.0698 | 70 | 0.4182 | 69 |
| 内蒙古 | -0.0241 | 21 | 0.1560 | 21 | -0.1340 | 24 | 0.0253 | 26 | 0.0306 | 25 |
| 宁夏 | 0.0174 | 11 | 0.0189 | 12 | -0.1848 | 13 | 0.1954 | 12 | 0.5196 | 13 |
| 青海 | -0.1243 | 7 | -0.3465 | 8 | -0.1286 | 10 | 0.5513 | 9 | -0.5204 | 10 |

续表

| 地区 | 2011年 | | 2012年 | | 2013年 | | 2014年 | | 2015年 | |
|---|---|---|---|---|---|---|---|---|---|---|
| | 相关系数 | 样本数/个 | 相关系数 | 样本数/个 | 相关系数 | 样本数/个 | 相关系数 | 样本数/个 | 相关系数 | 样本数/个 |
| 山东 | 0.0582 | 90 | 0.2190 | 117 | -0.0452 | 141 | -0.0357 | 149 | 0.0016 | 146 |
| 山西 | -0.1706 | 25 | -0.0103 | 26 | 0.0604 | 28 | 0.3480 | 30 | 0.2031 | 30 |
| 陕西 | 0.0383 | 27 | 0.2894 | 33 | 0.2884 | 34 | -0.1317 | 36 | -0.1579 | 36 |
| 上海 | -0.0492 | 140 | 0.0274 | 156 | 0.2452 | 176 | -0.0383 | 182 | -0.0062 | 183 |
| 四川 | -0.0520 | 70 | -0.0425 | 81 | 0.3417 | 88 | 0.0076 | 90 | 0.2176 | 93 |
| 天津 | -0.0249 | 27 | 0.0479 | 34 | -0.0526 | 35 | 0.3672 | 36 | -0.0455 | 35 |
| 西藏 | -0.0285 | 8 | -0.1924 | 8 | -0.2234 | 9 | 0.0919 | 10 | -0.5592 | 10 |
| 新疆 | 0.2625 | 33 | 0.2376 | 35 | 0.3156 | 35 | 0.0101 | 37 | -0.0348 | 37 |
| 云南 | -0.1515 | 26 | 0.0844 | 28 | -0.0483 | 28 | -0.0540 | 28 | -0.2024 | 26 |
| 浙江 | 0.0399 | 131 | 0.1197 | 176 | 0.0354 | 214 | 0.0940 | 232 | 0.0575 | 234 |
| 重庆 | -0.2172 | 28 | -0.1986 | 31 | 0.3168 | 35 | -0.0808 | 36 | 0.0719 | 36 |

注：数据来自国泰安CSMAR数据库。

为了更加直观地分析各地区证券市场资源错配情况及其变化规律，现将上表中的上市企业外部融资需求与其外部融资规模相关系数绘制成图4-2。

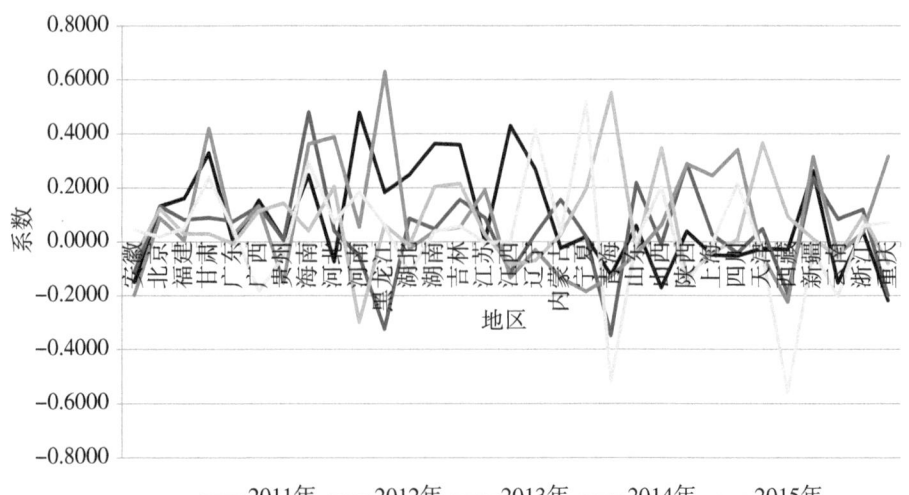

图4-2　31个省区市2011—2015年上市企业外部融资需求与其外部融资规模相关系数

# 第四章
## 我国金融市场资源错配程度测算

从上图可以看出,2011—2015年,北京、福建、甘肃、海南、湖南、吉林和浙江这7个省区市的上市企业外部融资需求与其外部融资规模之间的相关系数始终为正,说明这些省区市的证券市场资源配置效率相对较高;而安徽、湖北、江西、青海、上海、天津、西藏、云南及重庆这9个省区市的相关系数大部分为负,说明这些省区市的证券市场资源错配现象较为严重。

根据证券市场资源错配程度测算时的相关系数法可知,各地区的企业外部融资需求与外部融资规模之间的相关系数大小能间接反映地区证券市场资源错配程度。为了进一步深入了解我国2011—2015年证券市场股权融资错配程度整体水平及波动性程度,现将表4-4中的相关系数进行描述性统计,所得结果如表4-5所示。

表4-5 31个省区市2011—2015年证券市场股权融资错配程度描述性统计结果

| 地区 | 均值 | 中位数 | 标准差 | 最小值 | 最大值 | 平均增长率/% |
|---|---|---|---|---|---|---|
| 西藏 | -0.1823 | -0.1924 | 0.2463 | -0.5592 | 0.0919 | -465.5263 |
| 青海 | -0.1137 | -0.1286 | 0.4069 | -0.5204 | 0.5513 | -79.6661 |
| 安徽 | -0.0946 | -0.1120 | 0.0924 | -0.1968 | 0.0441 | 32.3993 |
| 云南 | -0.0744 | -0.0540 | 0.1103 | -0.2024 | 0.0844 | -8.3993 |
| 重庆 | -0.0216 | -0.0808 | 0.2216 | -0.2172 | 0.3168 | 33.2758 |
| 贵州 | -0.0099 | 0.0060 | 0.1066 | -0.1516 | 0.1417 | -199.6711 |
| 内蒙古 | 0.0108 | 0.0253 | 0.1047 | -0.1340 | 0.1560 | 56.7427 |
| 江西 | 0.0194 | -0.0846 | 0.2347 | -0.1330 | 0.4292 | -25.0291 |
| 广东 | 0.0266 | 0.0283 | 0.0353 | -0.0077 | 0.0759 | 188.6364 |
| 湖北 | 0.0356 | -0.0143 | 0.1390 | -0.1162 | 0.2488 | -36.6760 |
| 上海 | 0.0358 | -0.0062 | 0.1208 | -0.0492 | 0.2452 | 21.8496 |
| 山东 | 0.0396 | 0.0016 | 0.1082 | -0.0452 | 0.2190 | -24.3127 |
| 天津 | 0.0584 | -0.0249 | 0.1771 | -0.0526 | 0.3672 | -20.6827 |
| 江苏 | 0.0603 | 0.0258 | 0.0825 | -0.0048 | 0.1922 | -625.0000 |
| 福建 | 0.0652 | 0.0497 | 0.0601 | 0.0055 | 0.1604 | -17.2537 |
| 陕西 | 0.0653 | 0.0383 | 0.2176 | -0.1579 | 0.2894 | -128.0679 |

续表

| 地区 | 均值 | 中位数 | 标准差 | 最小值 | 最大值 | 平均增长率/% |
|---|---|---|---|---|---|---|
| 广西 | 0.0691 | 0.1312 | 0.2375 | -0.1832 | 0.1527 | -54.9935 |
| 浙江 | 0.0693 | 0.0575 | 0.0364 | 0.0354 | 0.1197 | 11.0276 |
| 河南 | 0.0736 | 0.0542 | 0.2874 | -0.2977 | 0.4783 | -15.3147 |
| 山西 | 0.0861 | 0.0604 | 0.1988 | -0.1706 | 0.3480 | 54.7626 |
| 四川 | 0.0945 | 0.0076 | 0.1761 | -0.0520 | 0.3417 | 129.6154 |
| 北京 | 0.0981 | 0.1225 | 0.0482 | 0.0179 | 0.1313 | -21.5761 |
| 宁夏 | 0.1133 | 0.0189 | 0.2640 | -0.1848 | 0.5196 | 721.5517 |
| 黑龙江 | 0.1227 | 0.0620 | 0.3418 | -0.3236 | 0.6295 | -16.7524 |
| 辽宁 | 0.1230 | 0.0279 | 0.2109 | -0.0698 | 0.4182 | 13.9531 |
| 河北 | 0.1267 | 0.0722 | 0.1772 | -0.0733 | 0.3888 | 49.6248 |
| 湖南 | 0.1386 | 0.0468 | 0.1446 | 0.0381 | 0.3640 | -22.3832 |
| 新疆 | 0.1582 | 0.2376 | 0.1590 | -0.0348 | 0.3156 | -28.3143 |
| 吉林 | 0.1684 | 0.1561 | 0.1271 | 0.0525 | 0.3595 | -20.9736 |
| 甘肃 | 0.2213 | 0.2398 | 0.1626 | 0.0290 | 0.4193 | -6.8113 |
| 海南 | 0.2858 | 0.2973 | 0.1620 | 0.0413 | 0.4798 | 5.0303 |

从上表中的描述性统计结果可以看出，2011—2015年我国证券市场股权融资错配程度的平均水平、波动性和错配程度变化情况具有如下几个方面的显著特征。

在证券市场资源错配程度平均水平方面，西藏、青海、安徽、云南、重庆和贵州6个省区市2011—2015年的上市企业股权融资与其外部融资需求的相关系数均值均为负，说明这些地区的上市企业股权融资规模与其外部融资需求程度不仅不是正相关，而且还呈现负相关关系，由此可见这些地区的证券市场资源错配程度较为严重。即便考虑到年度波动性所带来的剧烈影响，这些地区的相关系数中位数也基本上为负，进一步确认了这些地区的证券市场股权融资在这些年来所存在的错配现象。根据中位数的统计结果还可以看出，除上述省区市外，江西、湖北、上海和天津的上市企业股权融资也与其外部融资需求存在明显的负相关关系，只是因为这些地区的相关系数波动性较大，所以其均值水平才为正。由此可见，整体而言，江西、湖北、上海和天津的证券市场也存在较为严重的资源错配现象。

在证券市场资源错配程度波动性方面，由于我国目前上市企业股权融资审批并不是按照市场机制来进行，政府干预程度较高，加上我国证券市场目前的市场化程度仍不高，这就使得各地区证券市场股权融资与其外部融资需求的相关程度波动性较大。在2011—2015年我国证券市场股权融资与上市企业外部融资需求的相关系数中，波动最为明显的地区有青海、黑龙江、河南、宁夏、西藏、江西、重庆、陕西、辽宁和山西，波动程度较小的地区或相关系数较为稳定的10个省区市分别为山东、贵州、内蒙古、安徽、江苏、福建、北京、浙江、广东和广西。

在证券市场资源配置效率优化方面，2011—2015年证券市场资源配置效率得到明显改善的有宁夏、广东、四川、内蒙古、山西、河北、重庆、安徽、上海、辽宁、浙江和海南这12个省区市。这些地区在2011—2015年证券市场资源配置效率均得到不同程度的改善，其中尤以宁夏最为明显。2011年宁夏的证券市场股权融资与其上市企业外部融资需求程度之间的相关系数为0.0174，而到了2015年该系数上升至0.5196，平均增速高达721.5517%。其次是广东，该地区2011年的证券市场股权融资与上市企业外部融资需求之间的相关系数为−0.0066，2015年上升至0.0432，平均上升速度188.6364%。除上述12个省区市外，余下19个省区市2011—2015年证券市场资源配置效率均出现不同程度的下降，其中尤以江苏最为突出。江苏2011年的证券市场股权融资与上市企业外部融资需求之间的相关系数为0.0002，2015年下降至−0.0048，平均下降速度625.0000%。

## 4.4 我国金融资源错配收敛性分析——以银行信贷资源错配为例

在检验银行信贷资源配置扭曲的地区收敛特征时，因经济收敛包括$\sigma$收敛、$\beta$收敛和俱乐部收敛等多种类别，为了更好地反映出银行信贷资源配置扭曲内生于我国"二元"所有制结构和金融资源配置政府主导下的地区经济发展需求，这里将对我国地区间银行信贷资源配置扭曲程度高低进行$\beta$收敛检验。

又因 $\beta$ 收敛既可能是绝对收敛又可能是条件收敛，考虑到"二元"所有制经济结构下的地区国有经济比重、金融监管支出、产业结构发展现状等均是影响银行信贷资源配置效率的重要因素（周晓艳等，2015；刑志平等，2016；Luintel 等，2017）①②③，这里将基于如下面板数据模型（4-11）和（4-12）分别对我国地区间银行信贷资源配置扭曲程度的 $\beta$ 绝对收敛和条件收敛特征进行回归检验：

$$\ln(DM_{it}/DM_{it-1}) = C + \alpha_1 \ln(DM_{it}) + \mu_{it} ; \quad (4-11)$$

$$\ln(DM_{it}/DM_{it-1}) = C + \delta_1 \ln(DM_{it}) + \delta X_{it} + \varepsilon_{it} 。 \quad (4-12)$$

式中，$DM$ 为基于（4-2）所测算出来的银行信贷资源错配程度大小；$C$ 为截距项；$\alpha$ 和 $\delta$ 为待估计系数；$\mu$ 和 $\varepsilon$ 为扰动项。$X$ 为控制变量，具体包括地区国有经济比重（$GY$）、城镇固定资产投入水平（$CZGT$）、产业结构发展现状（$CYJG$）和金融监管支出（$JRJG$）。参考周晓艳等（2015）、刑志平等（2016）及 Luintel 等（2017）的做法，地区国有经济比重（$GY$）采用地区国有企业的工业总产值占全部工业总产值的比例进行衡量；城镇固定资产投入水平（$CZGT$）定义为城镇固定资产投资金额除以地区生产总值；产业结构发展现状（$CYJG$）用地区第三产业产值除以第二产业产值加以衡量；金融监管支出（$JRJG$）则等于金融监管支出除以地区生产总值。

以除西藏和海南外余下 29 个省区市 2005—2017 年面板数据为样本，对模型（4-11）和（4-12）的设定形式与固定（随机）效应进行检验后，这里将基于常系数变截距的固定效应模型来实证检验各地区银行信贷资源配置扭曲程度收敛性。为了有效消除截面数据之间可能存在的异方差所带来的影响，采用面板数据模型 EGLS 方法进行回归分析后，所得结果如表 4-6 所示。

---

① 周晓艳，高萌，贺文慧. 金融发展、产业结构和地区资本配置效率［J］. 中央财经大学学报，2015（5）：38-45.

② 邢志平，靳来群. 政府干预的金融资源错配效应研究：以中国国有经济部门与民营经济部门为例的分析［J］. 上海经济研究，2016（4）：23-31，68.

③ LUINTEL K B, SELIM S, BAJRACHARYA P. Liberalization, bankers' motivation and productivity: a simple model with an application［J］. Economic modelling, 2017, 61: 102-112.

## 第四章 我国金融市场资源错配程度测算

表4-6 各地区银行信贷资源配置扭曲程度收敛性回归分析结果

| 变量 | 全国 | 东部 | 中部 | 西部 |
| --- | --- | --- | --- | --- |
| Panel A 绝对收敛 | | | | |
| C | 0.4273 | -0.3942 | 0.7358 | -0.3765 |
|  | (5.0500) | (-3.5832) | (2.9341) | (-3.2561) |
| ln(DM) | -0.1563*** | -0.1193*** | -0.2636*** | -0.1653 |
|  | (-5.5472) | (-3.5428) | (-3.1483) | (-0.2428) |
| R2 | 0.3084 | 0.3372 | 0.3219 | 0.3076 |
| Panel B 条件收敛 | | | | |
| C | 0.3287 | -0.3483 | 0.3973 | 0.3725 |
|  | (5.5671) | (-5.4831) | (5.5338) | (5.4427) |
| ln(DM) | -0.9032*** | -0.4412*** | -0.5063*** | -0.2057*** |
|  | (-8.7223) | (-4.1300) | (-4.2698) | (-5.8531) |
| GY | 2.2621*** | -0.6539* | 1.3752** | 1.8694*** |
|  | (4.3672) | (-1.8837) | (2.5143) | (4.6842) |
| CZGT | 15.7333* | 11.8347* | 13.2281* | -3.9772 |
|  | (1.8837) | (1.9233) | (1.8748) | (-0.5127) |
| CYJG | -0.2311 | 0.0814** | 0.2376 | 0.1593 |
|  | (-0.7895) | (2.0143) | (0.8837) | (0.3328) |
| JRJG | 0.1532** | -0.0672** | 0.0973** | -0.0519 |
|  | (2.4293) | (-2.5429) | (2.0128) | (-0.5173) |
| R2 | 0.4652 | 0.6144 | 0.4583 | 0.4053 |

注：①括号内为回归系数的 t 值；②"***""**"和"*"分别代表1%、5%和10%临界水平下显著。

从上表中的收敛性回归分析结果可以看出：一方面，我国各地区的银行信贷资源配置扭曲程度收敛性特征明显。根据上表中回归结果 Panel A 和 Panel B 可知，银行信贷资源配置扭曲程度的对数 ln(DM) 对因变量的估计系数除在 Panel A 中的西部地区外，其他情形均在1%的显著性水平下为负。这一结果说明我国银行信贷资源配置扭曲程度不仅在总体上 $\beta$ 收敛，而且在东、中、西部地区也呈现出明显的 $\beta$ 收敛态势。

另一方面，虽然各地区的银行信贷资源配置扭曲程度 $\beta$ 收敛明显，但其收敛速度表现出明显的地区异质性。根据 $\beta$ 收敛的定义可知，回归系数的符号决定其是否收敛，而系数绝对值大小代表其收敛速度的快慢。从上表中的回归系数绝对值大小可以看出，2005—2017 年，我国中部地区的银行信贷资源配置扭曲程度收敛速度最快，其次是东部地区，而西部地区的收敛速度最慢。

## 4.5 本章小结

因金融资源配置效率的高低在很大程度上受到金融市场发达程度及其资源配置模式的影响，本章对我国金融资源配置的主要渠道与模式进行了分析。结果发现，长期以来，我国各地区金融资源配置仍以银行信贷为主；自上海证券交易所与深圳证券交易所成立以来，我国证券市场相继成立主板、中小板、创业板、新三板和科创板等不同交易平台，股权融资在我国金融资源配置中的作用越来越明显，但波动性较大。

对我国金融资源配置模式进行分析后，本章不仅对现有关于银行信贷资源错配程度测算方法进行了介绍，而且还开创性地基于信息熵理论重新构建了银行信贷资源错配程度测算模型，并以我国省际数据为样本进行了具体测算。经研究发现：①在银行信贷资源错配程度平均水平方面，错配程度较低的前 10 个省区市分别为甘肃、新疆、上海、宁夏、山西、陕西、北京、海南、吉林和天津，其中甘肃的错配程度平均水平在 2011—2015 年处于全国最低，错配指数均值为 0.0121；错配程度属于中等水平的 10 个省区市分别为贵州、青海、湖北、黑龙江、云南、江西、广西、重庆、西藏和浙江；错配程度较高的省区市包括广东、辽宁、山东、湖南、内蒙古、河南、江苏、安徽、河北、四川和福建，其中福建在 2011—2015 年的银行信贷资源错配程度平均水平居全国之首，错配指数均值为 0.5732。②在银行信贷资源错配程度变化趋势方面，2011—2015 年的银行信贷资源错配指数平均增长率显著为负或者说银行信贷资源错配程度明显得到改善的有吉林、山西、上海、江西、海南、天津、甘肃、宁夏、广东、河北、贵州、河南、辽宁、重庆、北京和湖南这 16 个省区市。在这些省区市中，尤以吉林的银

# 第四章
## 我国金融市场资源错配程度测算

行信贷资源错配程度改善速度最为明显，2011—2015年，吉林银行信贷资源错配指数平均以 –21.2209% 在递减，也就是银行信贷资源配置效率以 21.2209% 的平均速度在不断优化。在此期间，余下 15 个省区市的银行信贷资源错配指数均出现不同程度的上升，说明银行信贷资源错配程度在进一步加深，其中尤以青海最为严重。③在银行信贷资源错配程度波动性方面，2011—2015年，我国银行信贷资源错配程度最不稳定的 10 个省区市分别为西藏、福建、四川、河北、广东、青海、江西、吉林、云南和海南，其中西藏的波动程度最为明显，该地区 2011—2015 年银行信贷资源错配指数变化的标准差为 0.1590；波动程度处于中等水平的省区市包括宁夏、黑龙江、山西、天津、重庆、安徽、广西、湖南、浙江和辽宁；而余下的 11 个省区市 2011—2015 年的银行信贷资源错配程度相对稳定，其中尤以甘肃最为明显，2011—2015 年甘肃的银行信贷资源错配指数波动标准差仅为 0.0037。

由于对证券市场资源错配程度测算方面的研究目前仍处于起步阶段，本章首先基于外部融资需求指数构建了证券市场资源错配程度测算的相关系数法和融资需求满意度法，然后再以我国 A 股市场 2011—2015 年上市企业省际年度数据为样本对我国各地区证券市场股权融资错配程度进行了具体测算。经研究发现：①在证券市场资源错配程度平均水平方面，西藏、青海、安徽、云南、重庆和贵州 6 个省区市 2011—2015 年的上市企业股权融资与其外部融资需求的相关系数均值均为负，说明这些地区的上市企业股权融资规模与其外部融资需求程度不仅不是正相关，而且还呈现负相关关系，由此可见这些地区的证券市场资源错配程度较为严重。即便考虑到年度波动性所带来的剧烈影响，这些地区的相关系数中位数也基本上为负，进一步确认了这些地区的证券市场股权融资在这些年来所存在的错配现象。根据中位数的统计结果还可以看出，除上述省区市外，江西、湖北、上海和天津的上市企业股权融资也与其外部融资需求存在明显的负相关关系，只是因为这些地区的相关系数波动性较大，所以其均值水平才为正。由此可见，整体而言，江西、湖北、上海和天津的证券市场也存在较为严重的资源错配现象。②在证券市场资源错配程度波动性方面，2011—2015 年我国证券市场股权融资与上市企业外部融资需求的相关系数波动最为明显的地区有青海、黑龙江、河南、宁夏、西藏、江西、重庆、陕西、辽宁和山西，波动程度较小的地区或相关系数较为稳定的 10 个省区市分别为山东、贵州、内蒙古、安徽、江苏、福建、北京、浙江、广东和广西。③在证券市场资源配置效率优化方面，2011—2015年的证券市场资源配置效率得到明显改善的有宁夏、广东、四川、内蒙古、山西、河北、重庆、安徽、上海、辽宁、浙江和海南这12个省区市。这些地区在2011—2015年的证券市场资源配置效率均得到不同程度的改善，其中尤以宁夏最为明显。除上述12个省区市外，余下19个省区市2011—2015年的证券市场资源配置效率均出现不同程度的下降，其中尤以江苏最为突出。江苏2011年的证券市场股权融资与其上市企业外部融资需求之间的相关系数为0.0002，2015年下降至−0.0048，平均下降速度625.0000%。

# 第五章  金融资源错配对技术创新模式选择影响分析

随着国际竞争程度的日益加剧，发达国家技术封锁环境下的自主创新成为新一轮世界竞争的重要手段。Schumpeter（1934）指出，避免经济发展陷入简单的循环往复的有效途径就是由利润最大化驱动的企业家的创新活动[①]。Scherer（1999）对人类经济发展史进行梳理后指出，技术创新是经济增长的最关键原动力[②]。波特（2002）认为，经济增长分为4个阶段，分别为要素驱动、投资驱动、创新驱动和财富驱动，最终的竞争优势来源于创新产品所具有的世界竞争力[③]。

众所周知，自改革开放以来，我国经济经历了快速发展阶段。在前一发展过程中，要素驱动和投资驱动是我国经济增长的原动力。随着改革红利、结构红利和人口红利的逐渐消失，特别是2008年美国次贷危机后，我国经济发展出现疲软，长期依赖的要素驱动和投资驱动型经济增长模式日益暴露出产能过剩、结构失衡等一系列弊端。新一轮经济增长的核心动力不足引起了中央政府高度关注，转变经济增长模式、坚持以技术为核心驱动力来重构我国经济增长动力机制已达成共识[④]。2015年6月，国务院在出台的《关于大力推进大众创业万众创新若干政策措施的意见》中明确指出，大众创业、万众创新将成为我

---

① SCHUMPERTER J A. The theory of economic development [M].Cambridge: Harvard University Press，1934.
② SCHERER F M. New perspectives on economic growth and technological innovation [M]. Washington, D.C.: Brookings Institution Press，1999.
③ 波特.国家竞争优势 [M].北京：华夏出版社，2002.
④ 唐未兵，傅元海，王展祥.技术创新、技术引进与经济增长方式转变 [J].经济研究，2014，49（7）：31-43.

国经济增长新的动力源泉。2016年5月，中共中央、国务院专门印发了《国家创新驱动发展战略纲要》以积极响应党在现阶段所确立的创新驱动发展战略。该纲要明确指出，创新驱动就是创新成为引领发展的第一动力，创新驱动是国家命运所系，创新驱动是世界大势所趋，创新驱动是我国发展形势所迫。不仅如此，纲要还明确了今后我国实现创新驱动发展战略的具体"三步走"战略目标。

## 5.1 技术创新相关概念界定

创新一词最早出现在亚当·斯密所出版的《国民财富的性质和原因的研究》（简称《国富论》）一书中[①]。创新是指以现有的思维模式提出有别于常规或常人思路的见解，利用现有的知识和物质在特定的环境中，本着理想化需要或为满足社会需求而去改进或创造出新的事物，包括但不限于各种产品、方法、元素、路径、环境，以便获得一定有益效果的行为。

技术创新这一概念最早却是由熊彼特于1912年提出[②]。自其提出以来，技术创新影响因素及其模式选择问题就备受理论界与企业界高度关注。那么，究竟何为技术创新呢？在《经济发展理论》一书中，熊彼特对技术创新的内涵定义如下：技术创新本质上是一种生产要素的重新组合，而技术创新的具体形式则包括引进一个新产品、开辟一个新市场、找到一种原料的新来源、发明一种新生产工艺流程和采用一种新的企业组织形式。由此可见，熊彼特对技术创新的定义，既有技术改进层面的含义，同时也包含对企业组织形式的变革，这实质上已经属于经济学或管理学的范畴。后来，人们对创新问题的研究，更多关注的是技术创新这一技术层面上的问题（即引进一种新产品、发明一种新的生产工艺流程），而其他3个方面则更多成为管理学、产业组织理论及制度经济学等学科的研究重点。

以熊彼特的技术创新概念为起点，根据实际研究的需要，国内外学者在后来的研究中不断对技术创新的定义进行拓展与延伸，进而给予技术创新以不同的定义。美国经济学家Mansfield（1968）认为，技术创新是一项发明的

---

① 斯密.国富论［M］.孙善春，李春长，译.开封：河南大学出版社，2020.
② 熊彼特.经济发展理论［M］.郭武军，吕阳，译.北京：华夏出版社，2015.

# 第五章
## 金融资源错配对技术创新模式选择影响分析

首次应用①。由此可见，Mansfield 所指的技术创新仅仅包含原始发明创新这一种特殊的形式。经济合作与发展组织（OECD）则认为，技术创新是使一种设想成为工业或商业的活动中销路好的产品或改进的产品的变换②。英国经济学家 Friedman（1982）则把技术创新定义为一种新产品、新过程、新系统或新服务的首次商业化转化③。美国工业调查协会给出的技术创新定义是：技术创新是指实际应用新的材料、设备和工艺，或使某种已经存在的事物以新的方式在实践中进行有效的使用。创新是一个承认新的需求，确定新的解决方式，发展一个在经济上可行的工艺、产品或服务，并最后在市场上获得成功的完整化过程。

随着技术创新水平的提升及国内学者对该问题研究炙热化程度的加深，结合我国社会经济发展及其各个不同发展阶段的差异性需要，国内学者也开始纷纷对技术创新的深刻内涵进行解读。但是，国内学者在定义技术创新概念时，更多地强调的是技术创新中的技术层面。傅家骥（1998）认为，技术创新是企业家抓住市场潜在盈利机遇，以获取商业利益为目标，重新组织生产条件和生产要素，建立起效能更强、效率更高、费用更低的生产经营管理系统，推出新产品、新工艺，开辟新市场，获取新材料、半成品供给来源，建立企业新组织，技术创新是一个包含科技、组织、商业、金融等一系列活动的综合性过程④。柳卸林在其 1993 年出版的《技术创新经济学》一书中指出，技术创新是指与新产品的制造、新工艺过程或设备的首次商业应用有关的技术上、设计上、制造上及商业上的一种活动，主要包括产品创新、过程创新和扩散⑤。

1999 年，中共中央联合国务院出台的《关于加强技术创新，发展高科技，实现产业化的决定》中明确指出，技术创新是指企业应用创新的知识和新技术、新工艺，采用新的生产方式和经验管理模式，提高产品质量，开发生产新的产品，

---

① MANSFIELD E. Industrial research and technological innovation [M]. New York: W.W. Norton & Company, 1968.
② 国家统计局科技统计司.技术创新统计手册 [M].北京：中国统计出版社，1993.
③ FRIEDMAN C. The economics of industrial innovation [M]. Cambridge: The MIT Press, 1982.
④ 傅家骥.技术创新学 [M].北京：清华大学出版社，1998.
⑤ 柳卸林.技术创新经济学 [M].北京：中国经济出版社，1993.

提供新的服务，占据市场并实现市场价值。这里的技术创新概念与熊彼特于1912年所提出的技术创新概念并不矛盾，而是一脉相承的关系。显然，这里所指的技术创新已经不再是单纯的技术概念，而是强调技术与企业经济行为的结合。这一定义不仅明确了技术创新必须以企业为主体、以实现市场价值为目标，而且也反映出技术创新是对一种新技术的研发、生产及其商业化全过程的经济技术活动，技术创新的核心在于实现科技与经济的有机融合。

根据上述对技术创新基本概念的搜集与梳理可知，针对不同的研究对象与研究重点，技术创新被赋予了不同的含义。因本章旨在研究金融资源错配对技术创新模式选择的影响，故而对技术创新问题的研究更侧重于技术变革层面。纵观国内外学者对企业技术创新的理解可以看出，企业技术创新有狭义和广义之分。狭义的企业技术创新一般是指企业运用新知识、新材料、新工艺等来生产一种新产品、提供一种新服务的过程，而广义的企业技术创新则既涉及技术层面的创新，如技术创新、产品创新及工艺创新等，也包括非技术层面的创新，如管理创新、市场创新及制度创新等。

## 5.2 企业技术创新模式选择分类

根据新古典经济增长理论可知，技术创新是经济增长的持久动力。在经济发展经历了要素驱动和投资驱动阶段后，最终的竞争优势必将来源于创新产品所带来的世界竞争力[①]。

虽然国内外学者对技术创新的深刻内涵及如何提升企业技术创新能力进行了卓有成效的探讨与研究，但国外学者一般并没有对企业的技术创新不同模式加以严格区分。然而，在国内学者的研究中，情况则不然，但迄今也尚未形成对企业技术创新模式分类的一个统一标准。不同的技术创新模式反映了企业预期投资额、风险偏好及其内在动机，技术创新模式的选择是企业技术创新的重要内容，而且还是企业制定技术创新战略的核心内容，直接决定着其经营的方向与成败[②]。纵观国内外的相关研究成果，学者一般会根据研究对象与重点的

---

① 波特.国家竞争优势［M］.北京：华夏出版社，2002.
② 崔远淼.基于企业边界视角的技术创新模式选择研究［D］.上海：复旦大学，2005.

# 第五章
## 金融资源错配对技术创新模式选择影响分析

不同将企业的技术创新模式按照技术创新对象、技术创新变动方式、技术创新程度差异、技术创新动因及技术创新的组织方式或方法来进行划分。当按技术创新对象来划分时,一般可以将企业技术创新模式分为产品创新及流程、工艺等生产过程的创新;当按技术创新变动方式来划分时,可以将企业技术创新模式分为科学技术的创新与要素组合结构的创新;当按技术创新程度差异来划分时,英国苏塞克斯大学科学政策研究所将企业技术创新模式分为渐进式创新、根本性创新、技术系统的变革和技术 – 经济范式的变革四大类;当按技术创新动因来划分时,一般将企业技术创新模式分为技术推动型、需求拉动型与综合型这 3 种。

在国内学者的研究中,对企业技术创新模式的划分到目前为止大致经历了两个阶段。早期的研究更多是按照企业技术创新组织方式或方法的不同对企业技术创新的模式进行划分,具体包括自主创新及与之相对应的包含模仿、引进与合作在内的非自主创新两大类。自陈劲教授在 1994 年首次提出自主创新概念以来,杨德林等(1997)[①]对自主创新的概念与内涵进行了明确的论述,他们认为自主创新是指创新主体主要依靠自身力量独自进行研究开发的活动。万君康(2000)、周寄中等(2005)及毛蕴诗等(2006)则进一步对模仿创新与自主创新做了细致的比较,并由此来对自主创新的内涵加以重新界定。笔者则倾向于赞同陆玉梅等(2008)所提出的观点[②]:自主创新是相对于技术引进、模仿而言的一种更具创造性的活动,它要求创新主体依靠自身的力量去独立完成某项技术创新的一系列工作,技术创新活动所需的资源由企业独立投入,企业对创新进行独自的管理与运作;相比较而言,模仿创新则是指创新主体主要通过学习与模仿先前创新者的方法,借助引进、购买先前创新者的核心技术和技术秘密来进行改进再创新的过程。

相较于风险更高、投入更大、周期更长及研发管理独立性更强的自主创新而言,模仿创新则是通过模仿他人的技术而进行的创新活动,一般包括完全模仿创新和模仿后的再创新这两种主要模式。完全模仿创新的技术创新层次较

---

① 陈劲. 从技术引进到自主创新的学习模式 [J]. 科研管理,1994(2):32-34.
② 陆玉梅,田野. 基于演化博弈的企业自主创新与模仿创新模式选择研究 [J]. 科技管理研究,2008(6):25-27.

低,而模仿后再创新是指对率先进入市场的产品进行再创造,即在引入他人技术基础上,经过自身的消化吸收,达到甚至超过原有产品所包含的技术水平。引进创新则是指企业通过逆向工程等手段,对引进的技术和产品进行消化、吸收以不断实现再创新的过程。合作创新则是指通过与其他企业、科研机构、高等学校等建立技术合作关系,在保持各自利益与社会身份相对独立的前提下,在一段时期内协助开展技术或产品的研究开发与创新活动。由此可见,包含模仿创新、引进创新和合作创新在内的非自主创新不仅创新时的投入更少、风险更低,而且技术创新时所采用的组织形式和方法也与自主创新存在显著性差异。

随着经济发展水平与技术创新能力的逐步提升,我国正经历着由经济发展"数量大国"向"质量大国"转变的过程。在世界竞争日趋加剧及国外对先进生产技术实施封锁程度的日益加深的现实背景下,中央政府逐渐认识到原始创新不足、关键领域核心竞争力匮乏正逐渐成为制约我国经济高质量发展的重要掣肘,低质量、简单的技术创新哪怕是自主创新亦难以满足我国创新驱动发展战略目标牵引下的经济高质量发展对掌握世界核心技术的基本要求。然而,根据上述对自主创新与模仿创新、引进创新与合作创新的阐述与分析可知,即使是独立性更强的自主创新亦可能存在创新能力层次不高、创新成果技术含量较低的现象。鉴于当前我国经济向高质量发展转型的需要,国内学者进一步依据技术创新能力层次的不同对企业技术创新模式重新进行了划分,并将其分为原始发明创新与包含外观设计与实用新型在内的二次创新这两种[1][2]。原始发明创新是指独立开发一种全新技术并实现商业化的过程,它是指一种前所未有的重大科学发现、技术发明、原理性主导技术等创新成果。原始发明创新又可称为元创新,它意味着在研究开发(特别是在基础研究和高技术研究领域)方面取得独有的发现或发明,是一种最高能力水平的技术创新行为,具有研发投入大、技术门槛高、研发难度大、研发周期长、研发风险高等特点,有时又被称为突破式创新。

---

[1] 刘斌斌,陈熹.信贷错配环境下知识产权保护对区域技术创新影响分析:基于中美贸易战背景的思考[J].金融经济学研究,2020,35(2):137-149.

[2] 左勇华,黄吉焱.不同FDI进入方式对区域创新能力影响研究:基于市场化程度差异视角[J].科技管理研究,2017,37(6):85-91.

相对于原始发明创新而言，包含外观设计与实用新型在内的二次创新则具有研发投入较少、研发周期较短、研发风险较低及技术门槛低等特征。外观设计创新是指以现实生活中某个物象为素材，在对其具体形态元素进行剖析的基础上，进行多次符号化的凝练和拓展，以塑造理想化形态为目标的形式创新。在我国《专利法》中，实用新型是指对产品的形状、构造或者其结合所提出的适于实用的新的技术方案。因此，无论是外观设计创新还是实用新型创新，严格意义上说，它们均只是对现有产品的一种改进，而称不上是一种完全意义上的技术创新。

此外，Tong 等（2014）及黎文靖等（2016）还从创新主体技术创新的动机出发，按技术创新动机的不同将企业技术创新模式分为实质性创新与策略性创新两种[1]。实质性创新是指企业为了推动技术进步和保持竞争优势而进行的技术创新，而策略性创新则是指企业以获取其他利益为目的（如政府补贴、财税优惠等），通过追求创新数量和速度来迎合监管与政府喜好而进行的一种创新活动[2]。这意味着企业的策略性创新仅仅是管理层的一种策略，其目的并不是为了实质性地提升企业的技术竞争力，而是为了获取某种利益，更多地表现为企业对政府与监督部门进行管理与考评需要的迎合。

由于本章旨在分析金融资源错配对创新主体技术创新模式选择的具体影响，针对当前我国在实现经济高质量增长过程中所出现的原始创新不足、核心竞争力匮乏这一基本现状，这里将研究重点放在如何提升我国原始发明创新能力上。因此，后续的研究将主要按照技术创新能力层次差异标准来对创新主体技术创新模式进行划分，并将其分为原始发明创新和包含外观设计与实用新型在内的二次创新两种。

## 5.3 我国技术创新及其模式选择现状分析

一般而言，创新主体不仅限于企业，高校、科研院所等机构也会从事一

---

[1] TONG T W, HE W L, HE Z L, et al. Patent regime shift and firm innovation: evidence from the second amendment to China's Patent Law [J]. Academy of management annual meeting proceeding, 2014 (1): 14174–14174.

[2] 黎文靖，郑曼妮. 实质性创新还是策略性创新？宏观产业政策对微观企业创新的影响 [J]. 经济研究，2016, 51 (4): 60–73.

定数量的技术创新活动。然而，纵观各国技术创新发展史可知，在任何国家或地区，企业都将是技术创新的最主要微观主体。为了深入了解我国技术创新及其模式选择情况，这里不仅对我国企业自身的技术创新总体能力及其在不同地区、行业及不同所有制企业之间的分布情况进行统计分析，而且还从国际水平差异视角来对其进行比较分析。

虽然长期以来我国一直非常重视技术创新能力的提升，但创新驱动发展战略到2012年党的十八大才正式被提出。因此，本部分在对我国企业技术创新及其模式选择现状进行分析时，主要对2012年以后的情形加以介绍。虽然企业研发投入的多寡及研发支出对象的不同也能间接反映企业技术创新活动总体水平及对技术创新模式的具体选择，但研发投入难以反映企业人力资本与创新关系网建设及新知识的引进吸收等活动[①]。参照大多数国内外学者的做法，这里将以衡量企业技术创新产出的专利申请、授权量及有效专利数等来反映企业技术创新总体水平及其模式选择情况。根据我国《专利法》的规定，技术创新专利申请与授权包括发明专利、外观设计专利和实用新型专利3种。

### 5.3.1 技术创新及其模式选择总体演化特征

自2012年实施创新驱动发展战略以来，我国的企业技术创新能力得到明显提升，专利申请与授权总体出现大幅提升。对2012—2018年我国3种专利授权量及占比情况进行统计后，所得结果如表5-1所示。

表5-1 2012—2018年我国3种专利授权量及占比统计结果

| 年份 | 总量/件 | 发明/件 | 占比/% | 实用新型/件 | 占比/% | 外观设计/件 | 占比/% |
|---|---|---|---|---|---|---|---|
| 2012 | 1 163 226 | 143 847 | 12.37 | 566 750 | 48.72 | 452 629 | 38.91 |
| 2013 | 1 228 413 | 143 535 | 11.68 | 686 208 | 55.86 | 398 670 | 32.45 |
| 2014 | 1 302 687 | 233 228 | 17.90 | 707 883 | 54.34 | 361 576 | 27.76 |
| 2015 | 1 718 192 | 359 316 | 20.91 | 876 217 | 51.00 | 482 659 | 28.09 |
| 2016 | 1 753 763 | 404 208 | 23.05 | 903 420 | 51.51 | 446 135 | 25.44 |
| 2017 | 1 836 434 | 420 144 | 22.88 | 973 294 | 53.00 | 442 996 | 24.12 |

---

① FAGERBERG J, MOWERY D, NELSONR. The Oxford handbook of innovation [M]. Oxford: Oxford University Press, 2005.

续表

| 年份 | 总量/件 | 发明/件 | 占比/% | 实用新型/件 | 占比/% | 外观设计/件 | 占比/% |
|---|---|---|---|---|---|---|---|
| 2018 | 2 447 460 | 432 147 | 17.66 | 1 479 062 | 60.43 | 536 251 | 21.91 |

注：数据来自国家知识产权局官网。

为了更直观地反映我国发明专利、实用新型专利和外观设计专利授权量占比变化趋势，这里将上表中的比例数据绘制成图5-1。

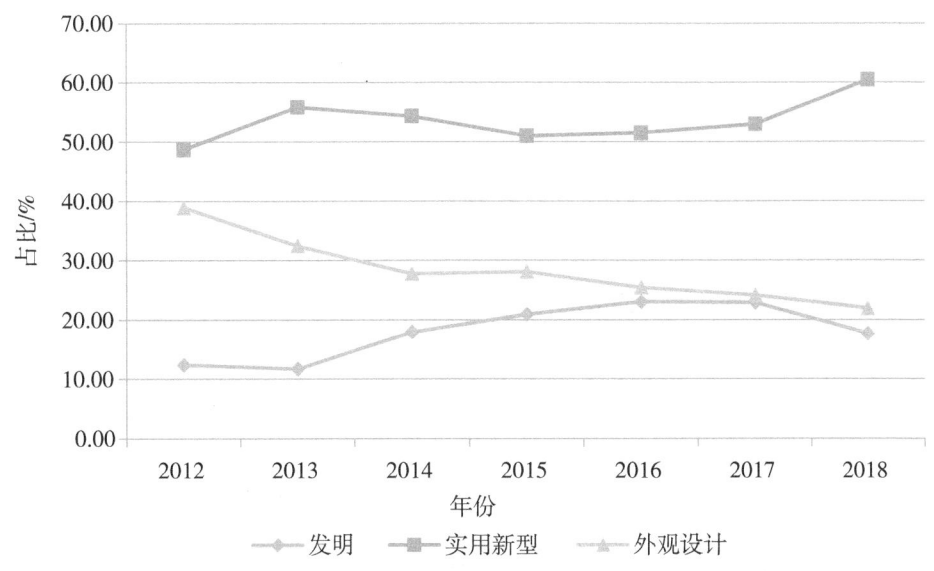

图5-1 2012—2018年我国3种专利授权量占比变化趋势

结合表5-1和图5-1可以看出，我国3种专利授权量的变化趋势具有如下典型性特征。

一方面，发明专利授权量占比不稳定，且总体上偏低。根据图5-1中的发明专利授权量占比变化趋势可知，自2012年以来，我国发明专利授权量占比远低于实用新型与外观设计专利授权量占比，且2016年达到最高值时也仅为23.05%。虽然自2012年以来，该比例出现了较大幅度的上升，但2016年以后又开始出现下滑，且与实用新型专利授权量占比之间的缺口呈不断放大趋势。这一现象说明，原始创新不足、核心竞争力缺失在未来很长一段时间内仍将制约我国经济的进一步快速发展。我国如果不能逐步提升原始发明创新能力，那么仍将难以摆脱中等收入陷阱困境，努力提升我国原始发明创新能力任重而道远。

另一方面，虽然外观设计专利授权量占比逐年递减，但以实用新型专利为主的技术创新模式仍呈上升趋势。图 5-1 中的外观设计与实用新型专利授权量占比变化趋势显示，我国外观设计专利授权量自 2012 年以来一直呈现逐年递减趋势，但实用新型专利授权量占比不仅长期高于 50% 的水平，而且仍呈进一步攀升之势，2018 年高达 60.43%。虽然实用新型创新也算是企业技术创新的一种，但其技术含量低、产品创新的附加值不高。我国应积极引导企业努力实现原始发明创新的突破，不断提升我国产品的国际核心竞争力。

### 5.3.2 技术创新及其模式选择地区比较

企业是否进行技术创新及采取何种模式进行技术创新，不仅取决于其自身知识、技术、人力等资源禀赋的多寡，同时也在很大程度上受其所处区域的经济发展水平、技术创新环境、市场化程度等相关制度环境的影响[1][2]。考虑到我国不同地区间经济发展水平、金融市场发达程度及相关法律法规完善程度等方面均存在较大差异，有必要对我国各地区间的企业技术创新及其模式选择情况进行对比分析。

为了突出企业原始发明创新相对于实用新型与外观设计这两种二次创新的重要性，这里对 2012—2018 年我国 31 个省区市年度发明专利授权量占比情况进行统计，所得结果如表 5-2 所示。

表 5-2 2012—2018 年我国 31 个省区市年度发明专利授权量占比统计结果（单位：%）

| 地区 | 2012 年 | 2013 年 | 2014 年 | 2015 年 | 2016 年 | 2017 年 | 2018 年 |
| --- | --- | --- | --- | --- | --- | --- | --- |
| 中位数 | 15.29 | 14.09 | 15.62 | 17.83 | 17.73 | 17.49 | 13.39 |
| 西藏 | 42.86 | 36.36 | 34.25 | 20.20 | 13.47 | 10.00 | 9.67 |
| 北京 | 39.87 | 33.02 | 31.12 | 37.55 | 40.37 | 43.10 | 38.04 |
| 海南 | 36.23 | 33.73 | 23.79 | 20.23 | 19.75 | 17.49 | 14.85 |

---

[1] 许玲玲. 制度环境、股权结构与企业技术创新[J]. 软科学，2015，29（12）：22-26.
[2] 徐浩. 制度环境影响技术创新的典型机制：理论解读与空间检验[J]. 南开经济评论，2018（5）：133-154.

续表

| 地区 | 2012年 | 2013年 | 2014年 | 2015年 | 2016年 | 2017年 | 2018年 |
|---|---|---|---|---|---|---|---|
| 陕西 | 26.95 | 19.84 | 21.41 | 20.43 | 15.48 | 25.39 | 21.42 |
| 吉林 | 26.69 | 24.06 | 21.42 | 25.23 | 24.29 | 27.57 | 20.66 |
| 云南 | 22.23 | 19.28 | 17.52 | 17.83 | 17.66 | 15.87 | 11.29 |
| 上海 | 22.09 | 21.87 | 23.00 | 29.03 | 31.27 | 28.41 | 23.07 |
| 甘肃 | 19.22 | 16.57 | 15.93 | 17.91 | 16.40 | 13.85 | 9.17 |
| 青海 | 19.17 | 18.13 | 17.77 | 17.01 | 19.97 | 15.19 | 11.17 |
| 辽宁 | 18.72 | 17.69 | 20.36 | 26.09 | 26.81 | 29.09 | 20.42 |
| 内蒙古 | 18.45 | 14.31 | 11.36 | 14.43 | 14.90 | 13.52 | 8.98 |
| 山西 | 18.02 | 15.55 | 18.62 | 24.27 | 23.96 | 21.06 | 15.17 |
| 天津 | 16.81 | 12.64 | 12.44 | 12.38 | 13.05 | 14.02 | 10.29 |
| 宁夏 | 16.59 | 15.19 | 17.06 | 23.70 | 20.92 | 15.48 | 13.15 |
| 湖北 | 16.55 | 14.09 | 17.16 | 20.03 | 20.36 | 23.46 | 17.77 |
| 广西 | 15.29 | 16.43 | 20.00 | 29.60 | 34.72 | 29.82 | 21.07 |
| 湖南 | 14.45 | 14.81 | 15.62 | 19.89 | 20.46 | 20.86 | 16.87 |
| 广东 | 14.42 | 11.78 | 12.38 | 13.88 | 14.91 | 13.75 | 11.14 |
| 新疆 | 13.26 | 10.80 | 11.55 | 10.84 | 12.79 | 11.74 | 9.56 |
| 河北 | 12.62 | 11.04 | 11.36 | 12.74 | 13.34 | 13.94 | 9.88 |
| 黑龙江 | 11.93 | 11.29 | 15.92 | 21.24 | 24.08 | 27.15 | 22.17 |
| 重庆 | 11.91 | 9.51 | 9.55 | 10.19 | 11.80 | 17.65 | 14.38 |
| 河南 | 11.88 | 10.76 | 10.47 | 11.27 | 13.86 | 14.28 | 10.13 |
| 江西 | 11.17 | 9.26 | 7.47 | 6.78 | 6.08 | 6.78 | 4.78 |

续表

| 地区 | 2012年 | 2013年 | 2014年 | 2015年 | 2016年 | 2017年 | 2018年 |
|---|---|---|---|---|---|---|---|
| 四川 | 10.56 | 9.89 | 12.06 | 14.02 | 16.57 | 17.76 | 13.39 |
| 贵州 | 10.48 | 9.80 | 10.36 | 10.63 | 19.53 | 14.93 | 10.70 |
| 山东 | 9.87 | 11.58 | 14.47 | 17.21 | 19.78 | 18.99 | 15.36 |
| 福建 | 9.76 | 7.84 | 9.05 | 9.30 | 10.68 | 12.76 | 9.61 |
| 安徽 | 7.08 | 8.68 | 10.72 | 18.94 | 25.08 | 21.37 | 18.62 |
| 浙江 | 6.14 | 5.50 | 7.09 | 9.93 | 12.00 | 13.44 | 11.44 |
| 江苏 | 6.02 | 7.01 | 9.83 | 14.39 | 17.73 | 18.27 | 13.69 |

注：数据来自国家知识产权局官网。

从上表中的我国2012—2018年各省区市发明专利授权量占比的统计结果可以看出如下基本特征。

一方面，我国企业原始发明创新能力总体上仍偏弱。根据上表中第二行我国31个省区市发明专利授权量占比的中位数来看，2012—2018年我国31个省区市发明专利授权量占比的年度中位数均明显低于20%。这意味着我国的原始发明创新能力仍然比较弱，大部分省区市的技术创新仍是以包括实用新型和外观设计在内的二次创新为主。

另一方面，我国企业原始发明创新能力地区间差异明显。虽然上表中仅对2012年的发明专利授权量占比情况进行了从大到小的排序，但其他年份的变化情况亦可见一斑。从2012年的发明专利授权量占比来看，西藏地区最高，达到42.86%，其次是北京、海南、陕西、吉林、云南、上海、甘肃、青海和辽宁9个省区市。令人感到惊讶的是，虽然浙江、江苏、福建、山东等沿海地区的经济发展水平较高，但其发明专利授权量占比不仅在2012年较低，而且在随后的几年中亦明显低于其他地区。这一现象说明，我国不仅发明专利授权量占比的地区差异明显，而且原始发明创新目前尚未成为驱动地区经济发展的核心要素，原始发明创新能力与地区经济发展水平之间的失衡现象非常明显。

## 5.3.3 技术创新及其模式选择行业比较

考虑到我国行业数量众多,难以对每个具体不同行业的技术创新及其模式选择情况进行详细比较,所以这里基于国际专利分类 IPC 标准对我国各不同行业的技术创新及其模式选择情况进行了对比分析[①]。

同样出于对原始发明创新重要性的考虑,中国国家知识产权局在按国际 IPC 分类标准对我国不同行业的专利授权量进行统计时,仅统计了发明专利与实用新型专利的授权情况,并未对企业外观设计专利授权量的情况进行统计。因此,这里在对比 2012—2018 年我国发明专利授权量占比的行业分布情况时,也仅对发明专利相对于其与实用新型专利授权量之和的占比情况进行统计,所得结果如表 5-3 所示。

表 5-3 2012—2018 年我国发明专利授权量占比 IPC 分类统计结果 (单位:%)

| 部类 | 2012 年 | 2013 年 | 2014 年 | 2015 年 | 2016 年 | 2017 年 | 2018 年 |
| --- | --- | --- | --- | --- | --- | --- | --- |
| 平均 | 27.54 | 23.06 | 24.78 | 29.08 | 30.91 | 30.15 | 22.61 |
| A 部(农、轻、医) | 21.16 | 20.19 | 22.67 | 22.33 | 22.74 | 20.64 | 17.48 |
| B 部(作业、运输) | 15.86 | 12.60 | 13.84 | 20.07 | 21.30 | 20.85 | 13.47 |
| C 部(化学、冶金) | 69.79 | 67.21 | 67.44 | 68.34 | 66.83 | 61.98 | 52.69 |
| D 部(纺织、造纸) | 89.58 | 21.18 | 23.61 | 31.66 | 32.98 | 32.08 | 22.23 |
| E 部(固定建筑物) | 11.78 | 9.23 | 12.20 | 18.28 | 20.69 | 19.44 | 12.54 |
| F 部(机械工程) | 14.51 | 11.77 | 12.45 | 19.22 | 21.86 | 21.70 | 14.63 |
| G 部(物理) | 37.86 | 29.19 | 32.86 | 37.40 | 40.81 | 41.83 | 34.23 |
| H 部(电学) | 40.07 | 32.57 | 34.53 | 38.91 | 41.79 | 41.34 | 34.38 |

注:数据来自国家知识产权局官网。

根据上表中的发明专利授权量占比 IPC 分类情况来看,我国企业发明专利

---

[①] 国际专利 IPC 分类标准将不同的行业分为八大类,分别记为 A、B、C、D、E、F、G 和 H 部。其中 A 部为人类生活必须(农、轻、医),B 部包含作业与运输类,C 部包含化学与冶金类,D 部包含纺织与造纸类,E 部为固定建筑物类,F 部为机械工程类,G 部为物理类,H 部为电学类。

主要集中于 C 部、D 部、G 部和 H 部,即主要集中于化学、冶金、纺织、造纸、物理和电学方面,其他部类的企业发明专利授权量则相对较低。

### 5.3.4 不同所有制企业技术创新及其模式选择比较

众所周知,虽然自改革开放以来,我国的经济发展总量得到显著提升,但市场经济体制并未得到充分完善,政府干预企业的行为仍较为普遍,"二元"所有制经济结构特征仍比较明显[①]。在"二元"所有制经济结构背景下,正如杨继生等(2015)指出,政府经常会通过对民营企业设置行业标准障碍、产权交易壁垒或直接通过行政干预等手段来减轻国有企业竞争压力,使得国有企业在很多行业可以长期获得超额垄断利润,导致国有企业的创新动力不足[②]。根据创新经济理论,企业技术创新与其所处的微观市场结构之间存在倒"U"形关系。当企业市场垄断力越强时,其进行技术创新的动力越弱;反之则越强。

虽然我国企业的注册类型包含国有企业、国有控股、国有联营、民营企业、中外合资、外商独资及集体企业等,但鉴于外资企业所有权性质的特殊性及集体企业经济规模的有限,这里就仅对我国的国有与民营这两种主要企业组织形式的技术创新及其模式选择情况进行对比分析。因相对于国有企业所具有的各种优势而言,民营企业必须适应市场经济优胜劣汰的竞争机制,所以技术创新的必要性及其内在动力自然更强。为了直观了解国有与民营这两类不同企业的技术创新及其模式选择差异,现将 2012—2018 年我国国有企业与民营企业的专利申请总数、发明专利申请数及有效发明专利数的分布情况进行统计[③],所得结果如表 5-4 所示。

---

① 戴利君,刘斌斌.控股权性质、外部融资需求与上市企业定向增发资源错配[J].企业经济,2018,37(8):105-110.

② 杨继生,阳建辉.行政垄断、政治庇佑与国有企业的超额成本[J].经济研究,2015,50(4):50-61,106.

③ 这里的国有企业包括国有控股、国有联营和国有独资企业 3 种。因全部微观企业专利申请数据的可得性,这里仅对规模以上工业企业的专利数据进行统计。

# 第五章 金融资源错配对技术创新模式选择影响分析

表 5-4  2012—2018 年我国国有企业与民营企业技术创新及其模式选择统计结果

| 年份 | 专利申请总数 | | | 发明专利申请数 | | | 有效发明专利数 | | |
| --- | --- | --- | --- | --- | --- | --- | --- | --- | --- |
| | 民营/件 | 国有/件 | 民营占比/% | 民营/件 | 国有/件 | 民营占比/% | 民营/件 | 国有/件 | 民营占比/% |
| 2012 | 144 168 | 44 956 | 76.23 | 39 626 | 16 760 | 70.28 | 55 726 | 24 264 | 69.67 |
| 2013 | 174 650 | 48 424 | 78.29 | 50 653 | 19 281 | 72.43 | 74 757 | 24 123 | 75.60 |
| 2014 | 202 849 | 51 329 | 79.81 | 62 185 | 22 494 | 73.44 | 103 775 | 30 574 | 77.24 |
| 2015 | 215 465 | 52 593 | 80.38 | 67 125 | 24 134 | 73.55 | 128 688 | 40 202 | 76.20 |
| 2016 | 237 820 | 50 948 | 82.36 | 78 551 | 25 003 | 75.86 | 180 490 | 53 822 | 77.03 |
| 2017 | 270 129 | 53 034 | 83.59 | 84 468 | 26 368 | 76.21 | 231 855 | 62 701 | 78.71 |
| 2018 | 380 281 | 60 896 | 86.20 | 122 242 | 28 272 | 81.22 | 322 578 | 70 192 | 82.13 |

注：数据来自国家统计局官方网站。

为了更直接地了解民营企业专利申请数、发明专利申请数及有效发明专利数占比的动态变化趋势，现将表 5-4 中的民营企业技术创新各种占比数据绘制成图 5-2。

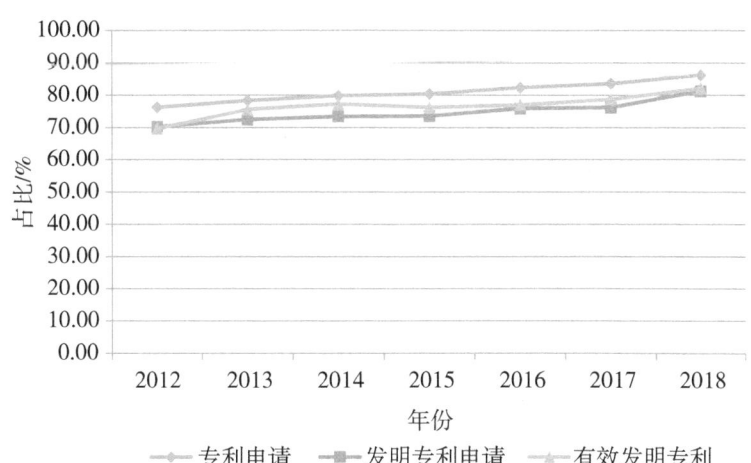

图 5-2  2012—2018 年我国民营企业（发明）专利申请数及有效发明专利数占比

从表 5-4 和图 5-2 中的统计结果及动态变化趋势可以看出如下特征。

一方面，相对于国有企业而言，我国民营企业专利申请数、发明专利申请数与有效发明专利数占比均显著更高。2012—2018年，我国民营企业专利申请数、发明专利申请数及有效发明专利数占比基本均在70%以上，且最高的年份甚至逼近90%。这充分说明在过去一段时间内，民营企业是我国技术创新的主体，国有企业因其所有权属性优势的存在而技术创新动力不足。

另一方面，民营企业的专利申请数、发明专利申请数与有效发明专利数占比的递增趋势明显。图5-2的变化趋势显示，2012—2018年，我国的民营企业无论是其专利申请数与发明专利申请数占比，还是其有效发明专利数占比均呈现逐年递增态势。进一步结合表5-4的数据可知，2012年民营企业专利申请数占其与国有企业专利申请数之和的比例为76.23%，发明专利申请数占其与国有企业发明专利申请数之和的比例为70.28%，而有效发明专利数占其与国有企业有效发明专利数之和的比例为69.67%。随后，民营企业的这3项占比指标均逐年上升，到2018年已分别达到86.20%、81.22%和82.13%。这进一步说明，我国民营企业的技术创新能力正不断得到增强，而国有企业的技术创新产出则相对出现下滑。

### 5.3.5 技术创新国际差异比较

为了加深对我国企业技术创新水平国际地位的了解，这里以中国国家知识产权局（CNIPA）、美国专利商标局（USPTO）、日本特许厅（JPO）、韩国特许厅（KIPO）和欧洲专利局（EPO）五大知识产权局（简称"五大局"）与世界知识产权组织（WIPO）联合发布的《世界五大知识产权局统计报告》中的统计数据为样本，对我国的发明专利授权量与有效专利数在五大局中的占比动态变化趋势进行比较分析[①]。

（1）发明专利授权量国际比较

虽然我国自2011年以来的专利申请数量长期位居世界首位，但包含外观设计与实用新型在内的二次创新技术含量较低，难以提升我国原始发明创新能力并帮助我国摆脱核心技术受制于人的困境，而原始发明创新技术含量更

---

① 世界五大知识产权局所接受与授权的专利申请数量达世界专利申请与授权总量的95%以上。

高、创新难度更大,更能体现我国的技术创新综合实力水平。因此,这里对 2012—2018 年我国发明专利授权量五大局占比情况进行统计,所得结果如图 5-3 所示。

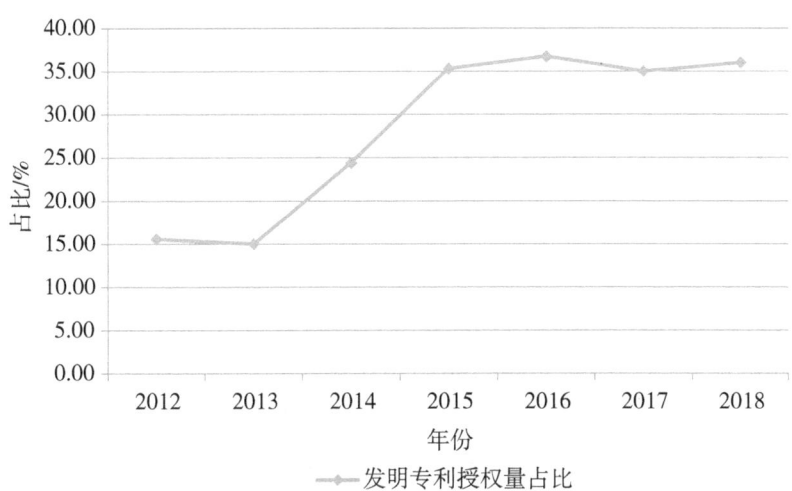

图 5-3　2012—2018 年我国发明专利授权量五大局占比

从上图中的我国发明专利授权量在五大局中的占比变化情况可知,自 2012 年开始,我国发明专利授权量在五大局中的占比整体呈逐年上升态势。其中,2012 年的占比约为 15.56%,被授权的发明专利 143 847 件,到 2018 年,我国的发明专利授权量上升至 432 147 件,在五大局中的占比则上升至 36.01%。由此可见,我国的原始发明创新能力自创新驱动发展战略实施以来得到明显增强。

(2)有效专利数国际比较

众所周知,当某项专利得到授权后,申请人如果希望能继续持有专利权,则必须缴纳一定的费用以延续专利的有效性。一个国家的有效专利数越多,间接说明这个国家的技术创新能力越强。这里对 2012—2017 年五大局有效专利数占比情况进行统计,所得结果如图 5-4 所示。

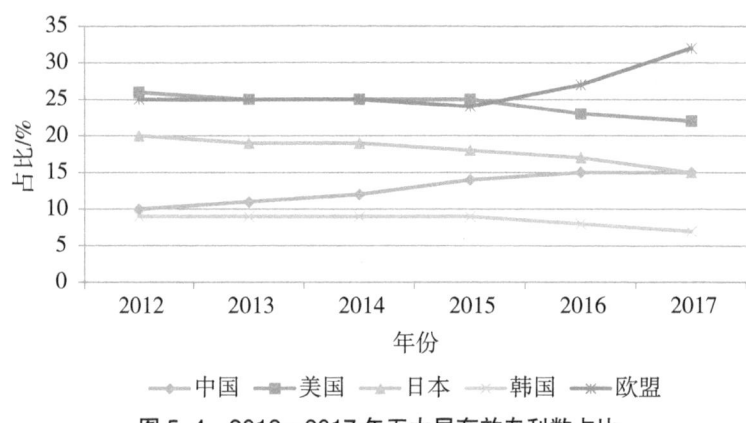

图 5-4 2012—2017 年五大局有效专利数占比

根据上图的动态变化趋势可以看出，在美国、日本和韩国的有效专利数占比不断下滑的同时，中国的有效专利数占比自 2012 年开始增速迅猛，且虽然与美国和日本之间的差距在逐渐减少，但与欧盟之间的差距仍然较大。以 2012 年为例，中国、美国和日本的有效专利数在五大局中的占比分别为 10%、26% 和 20%，到 2017 年时，中国的有效专利数占比上升至 15%，而美国和日本的有效专利数占比则分别下降至 22% 和 15%。由此可见，虽然中国的有效专利数占比在上升，美国的有效专利数占比在下降，但到 2017 年仍然存在 7% 的缺口，且与欧盟之间的缺口仍高达 17% 左右。这意味着我国仍需进一步提升有效专利数占比，技术创新能力仍有待进一步加强，我国希望完成的经济发展由"数量大国"向"质量大国"的转变仍有很长一段路要走。

究其原因，一方面，虽然长期以来我国都非常重视技术创新在社会经济发展中的重要作用，但创新驱动发展国家战略直至 2012 年党的十八大才被正式确立。随着创新驱动发展战略的提出，我国迅速呈现大众创业、万众创新的双创繁荣景象，使得我国的专利总产出和发明专利产出出现大幅提升。另一方面，虽然自 2012 年起，我国的专利总产出与发明专利产出有了大幅提升，但很多专利申请可能来自国有部门的行政摊派，这就导致我国一度出现较为明显的"专利泡沫"。与专利申请不同的是，有效专利需专利持有人续缴一定的费用才能得以维系。正是因为"专利泡沫"的存在，使得很多被授权的发明专利难以成为有效专利，故而我国的有效发明专利数在国际上仍处于较低水平。

## 5.4 金融资源错配影响技术创新模式选择机制分析

技术创新依赖于包括资本、人力、技术等生产要素的优化配置，而作为生产要素的核心，金融资源配置的合理优化将引导人力、技术等其他生产要素的流动，最终共同推动我国技术创新和科技进步。在金融资源配置优化推进技术创新方面，早在1912年熊彼特就提出，金融发展的本质在于金融体系能够帮助企业家进行创新活动并有效参与到企业创新的创新决策和创新投入过程中。技术创新与金融发展密不可分，金融发展不仅为实施技术创新战略的企业提供资金融通功能和风险分散功能，而且还能为企业技术创新进行预期收益评估。Hicks（1969）认为，金融市场的出现是18世纪英国工业革命发生的重要基础，金融市场为工业新技术的出现提供大量而长期的投资，从而成为产业革命的重要先决因素[1]。正如King等（1993）所指出，金融发展应该为企业技术创新筛选企业家、为企业家技术创新筹资、帮助企业家分担创新风险并对企业家创新获得的预期收益进行估值[2]。Audretsch等（2004）认为，技术创新是企业家对各种新知识或新技术进行筛选组合并在成功融资后将其投入生产的结果[3]。白钦先（2006）进一步将金融功能分解为4个层次，分别为：①服务中介功能；②资源配置的核心功能；③经济调节和风险规避的扩展功能；④包括资产重组、公司治理、资源再分配、信息生产与分配及风险分散在内的衍生功能[4]。毋庸置疑，金融发展及其功能演进对企业技术创新发挥着充分而又积极的促进作用。孙伍琴等（2008）、叶子荣等（2011）及徐浩等（2016）均发现金融发展整体上有利于促进我国技术创新能力的提升。

虽然金融发展有利于促进技术创新能力的提升，但因金融资源是社会核心生产要素之一，只有当金融资源得到优化配置时，才能有效地引导劳动、知识、技术等其他生产要素在不同企业与部门间进行合理的流动，从而更好地促进某一国

---

[1] HICKS J. A theory of economic history [M]. New York: Oxford University Press, 1969.
[2] KING R G, LEVINE R. Finance, entrepreneurship and growth: theory and evidence [J]. Journal of monetary economics, 1993, 32（3）: 513-542.
[3] AUDRETSCH D, KEILBACH M. Entrepreneurship capital and economic performance [J]. Regional studies, 2004, 38（8）: 949-959.
[4] 白钦先，谭庆华.论金融功能演进与金融发展[J].金融研究，2006（7）: 41-52.

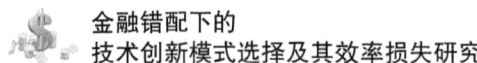

**金融错配下的
技术创新模式选择及其效率损失研究**

家或某一经济体技术创新能力的提升。相反，一旦金融系统不能按照效率均等原则来将有限而稀缺的金融资源进行合理配置而出现金融资源错配，必将导致金融系统应有的资金融通、风险分散和收益评估功能的紊乱，从而使得创新意愿更强烈、创新能力更强劲的创新主体难以获得技术创新活动所需的研发资金，造成创新主体研发投入不足。不仅如此，金融资源错配导致的资本市场价格扭曲还常常影响到创新主体技术创新风险的分散及其对技术创新成果所做出的预期收益评估，使得创新主体难以做出最优的技术创新模式选择而只能选择次优的技术创新模式。

根据前文分析可知，我国保险行业目前所占金融市场的份额仍相对更小，银行信贷和证券市场资源错配已成为我国金融资源错配的主要模式。加上银行信贷和证券市场在我国金融资源配置中的重要性地位不对等，且这两种不同资源配置模式对创新主体技术创新模式选择的影响机制存在明显差异，这就使得银行信贷资源错配和证券市场资源错配对我国创新主体技术创新模式选择的影响效果各异。那么，银行信贷资源错配和证券市场资源错配究竟会对我国技术创新产生何种差异性影响呢？

对该问题的回答首先需要就银行信贷和证券市场资源错配对技术创新模式选择的差异性影响问题进行深入的探究。事实上，以美英为代表的市场体系和以德日为代表的银行体系曾经都成就过这些国家的辉煌，这说明银行信贷与证券市场对技术创新模式选择的影响各有利弊。银行主导论者认为，银行系统之所以能更有利于技术创新能力的提升，其根本原因在于：银行可以通过信息私有化并与企业建立长期战略合作关系解决金融市场中的"搭便车"问题[1]，银行的规模经济优势可以使其对企业进行更严格的监督[2]，较长的存续时间可以使银行在跨期风险分担上更具优势[3]。相比之下，市场支持论者则认为，证券市场更有利于技术创新活动的进行与能力的提升，其根本逻辑在于：随着金融市场的发展与流动性的增强，投资者有更强的激励去获取企业信息，从而提高

---

[1] BOOT A W A, GREENBAUM S I, THAKOR A V. Reputation and discretion in financial contracting [J]. American economic review, 1993, 83 (5): 1165–1183.

[2] RAJAN R G, ZINGALES L. Which capitalism？lessons from the east Asian crisis [J]. Journal of applied corporate finance, 1998, 11 (3): 40–48.

[3] DIAMOND D W. Financial intermediation and delegated monitoring [J]. The review of economic studies, 1984, 51 (3): 393–414.

## 第五章
## 金融资源错配对技术创新模式选择影响分析

资源配置效率[①],发达的证券市场更有利于克服技术创新研发风险与流动性短期风险,且更能对技术创新预期收益做出准确判断[②]。

因为银行信贷和证券市场对创新主体影响机制明显不同,当进一步考虑到我国银行信贷与证券市场在市场规模与体量上的巨大差异时,银行信贷与证券市场资源错配将对我国创新主体的技术创新模式选择产生显著的差异性影响。根据前文分析可知,长期以来银行信贷都是我国金融资源配置的主要渠道,而证券市场的规模相当有限。因此,总体上而言,当银行信贷和证券市场均出现错配现象时,银行信贷资源错配对创新主体技术创新模式选择的负面影响更加显著,而证券市场资源错配对创新主体技术创新模式选择的不利影响则没有那么明显。当进一步分析银行信贷资源错配对创新主体技术创新模式选择的具体影响时,可以预见银行信贷资源错配会在促进我国包含实用新型和外观设计在内的二次创新产出成果的同时,降低我国原始发明创新能力。究其原因:一方面,银行信贷风险的有偏性,使得银行不愿意为研发投入更多、研发周期更长和研发风险更高的原始发明创新提供资金支持,这造成企业原始发明创新投入的不足。另一方面,我国银行业长期存在纵向金融的业务惯性,在财政分权背景下的政府官员晋升锦标赛制与金融资源配置政府主导双层约束下,那些掌握金融资源的地方政府更偏好于推动一些易考核、见效快、风险低的粗放型生产投资项目,而风险高、见效慢的技术创新投资项目难以获得资金支持,这就进一步加剧了原始发明创新研发投入融资约束。此外,受"二元"所有制经济结构与信贷所有制歧视的影响,银行信贷资源错配导致更多的资金流入效率低下的国有企业,造成国有企业的资金盈余与民营企业的融资短缺。为了迎合中央政府所提出的创新驱动发展战略需要,以及出于对个人政治晋升的追求,在位的国有企业领导者不愿意将资金投入风险高、周期长的原始发明创新活动中,而更倾向于选择那些投入小、风险低、见效快的二次创新活动,这就进一步造成我国包含实用新型与外观设计在内的二次创新成果短期内的剧增与原始发明

---

① MERTON R C. A simple model of capital market equilibrium with incomplete information [J]. Journal of finance, 1987, 42 (3): 483–510.
② LEVINE R. Stock markets, growth, and tax policy [J]. Journal of finance, 1991, 46 (4): 1445–1465.

创新成果产出的不足。

综合上面的分析可知：在我国现阶段的制度背景下，当银行信贷和证券市场同时出现金融资源错配时，证券市场资源错配虽然会阻碍创新主体原始发明创新活动的进行，但因其市场规模不大而并不显著。相比之下，受我国当前制度环境的影响，当体量庞大的银行信贷资源出现错配时，这将在快速增加我国二次创新成果产出的同时，严重阻碍我国原始发明创新能力的提升。

## 5.5 金融资源错配影响技术创新模式选择实证检验

### 5.5.1 模型设定与样本筛选

由于本章旨在研究金融资源错配对技术创新模式选择的具体影响，而在我国金融资源政府主导型特征影响下，作为现代金融体系的三大支柱之一的保险行业在我国金融市场中的份额相对较少，这里将主要分析银行信贷和证券市场资源错配这两种错配形态对技术创新模式选择扭曲的具体影响。在我国"二元"所有制经济结构特征作用下，更多的金融资源往往被投入技术创新效率低下的国有企业，而创新效率更高的民营企业难以获得充足的创新投入，所以这就使得地区国有经济成分比重成为影响地区技术创新模式选择的重要影响因素。此外，根据刘斌斌等（2017）的研究可知，基础设施投入、外资集中度、R&D投入和人力资本投入等均是影响技术创新模式选择的重要因素。在有效控制技术创新环境、外资集中度和研发人力与资金投入等因素影响基础上，现基于如下模型（5-1）和（5-2）来分别检验银行信贷与证券市场资源错配扭曲地区技术创新模式选择的具体影响：

$$Y_{it} = \alpha_0 + \alpha_1 DM_{it} + \alpha_2 NA_{it} \cdot DM_{it} + \alpha X_{it} + U_{it}; \quad (5-1)$$

$$Y_{it} = \beta_0 + \beta_1 EM_{it} + \beta_2 NA_{it} \cdot EM_{it} + \beta X_{it} + U_{it}。 \quad (5-2)$$

式中，$i=1, 2, \cdots, N$，代表不同的地区；$t=1, 2, \cdots, T$，代表不同的年份；$U$代表扰动项；$Y$代表技术创新模式选择类型的被解释变量；$DM$和$EM$分别代表银行信贷和证券市场资源错配程度；$NA$代表地区国有经济成分比重；$X$代表控制变量，具体包括地区基础设施投入强度、外资集中度、研发经费投入强度和研发人员投入程度。各变量的定义如表5-5所示。

## 第五章 金融资源错配对技术创新模式选择影响分析

**表 5-5　各变量的定义**

| 变量 | 含义 | 定义 |
| --- | --- | --- |
| $Y$ | 技术创新模式 | 考虑到专利授权量容易受政府专利机构等的影响，这里根据《中国科技统计年鉴》分类标准，将专利分为发明专利和包括实用新型与外观设计在内的非发明专利两大类，这里以发明专利申请量占比来表示技术创新模式差异① |
| $DM$ | 银行信贷资源错配程度 | 根据公式（4-8）计算而得 |
| $EM$ | 证券市场资源错配程度 | 根据第四章证券市场资源错配程度测算方法而得 |
| $NA$ | 国有经济份额 | 以工业行业国有企业资产比重为代理变量 |
| $FDI$ | 外资集中度 | 地区外商直接投资和港澳台商投资的工业产值之和占该地区工业总产值之比，用以控制外资的技术溢出效应② |
| $INF$ | 基础设施投入强度 | 地区城镇固定资产投资与其总固定资产投资之比，用以衡量地区技术创新环境优劣② |
| $R\&D$ | 研发经费投入强度 | 各地区研发经费投入强度，用以衡量地区对技术创新重视程度③ |
| $LB$ | 研发人员投入程度 | 各地区从事研发工作的劳动就业人数除以该地区就业总人数② |

由于西藏地区部分变量数据缺失，再考虑到测算地区银行信贷和证券市场资源错配程度需要，这里以 2011—2015 年我国 30 个省区市年度数据为样本进行实证检验，数据来自各地区统计年鉴、《中国科技统计年鉴》、地区年度《国民经济和社会发展统计公报》及国家统计局官方网站。

---

① 王然，燕波，邓伟根. FDI对我国工业自主创新能力的影响及机制：基于产业关联视角［J］. 中国工业经济，2010（11）：16-25.

② 刘斌斌，黄吉焱. FDI进入方式对地区绿色技术创新效率影响研究：基于环境规制强度差异视角［J］. 当代财经，2017（4）：89-98.

③ 研发经费投入强度等于研发经费支出与地区生产总值之比，是国际上用以衡量某一国家或某一地区对技术创新重视程度的重要指标。

### 5.5.2 单变量因素分析

由于银行信贷和证券市场在我国金融市场发展中所占比重差异明显，其对各地区技术创新模式选择的影响可能会存在巨大差异，这里分别对银行信贷和证券市场资源错配地区的技术创新模式选择、外资集中度及研发资金与人力等变量投入情况进行独立的对比分析。

为了分析银行信贷资源错配如何影响技术创新模式选择，首先将2011—2015年各地区银行信贷资源错配程度测算结果按照均值大小进行分类，并将各地区划分为错配程度低、错配程度中、错配程度高的不同3个子样本[①]。在按照银行信贷资源错配程度均值大小将各地区进行组别划分后，再采用双样本异方差均值比较法对银行信贷资源错配程度低和错配程度中地区、银行信贷资源错配程度中和错配程度高地区在技术创新模式、国有经济份额、外资集中度、基础设施投入强度、研发经费投入强度和研发人员投入程度等变量上进行均值对比，以发现这些地区在这些变量上所存在的显著性差异（表5-6）。

表5-6 2011—2015年不同银行信贷资源错配程度地区各变量均值对比

| 变量 | 错配程度低/% | 错配程度中/% | $P$值 | 错配程度中/% | 错配程度高/% | $P$值 |
| --- | --- | --- | --- | --- | --- | --- |
| $Y$ | 41.0029 | 32.6855 | 0.0002*** | 32.6855 | 31.8894 | 0.3594 |
| $DM$ | 0.0936 | 0.2180 | 0.0000*** | 0.2180 | 0.3801 | 0.0000*** |
| $NA$ | 83.8419 | 68.9593 | 0.0000*** | 68.9593 | 59.9863 | 0.0013*** |
| $FDI$ | 20.1033 | 25.3359 | 0.1357 | 25.3359 | 25.7180 | 0.4681 |
| $INF$ | 98.0095 | 96.9953 | 0.0000*** | 96.9953 | 97.6764 | 0.0005*** |
| $R\&D$ | 1.9304 | 1.2236 | 0.0033*** | 1.2236 | 1.4820 | 0.0126** |
| $LB$ | 0.9120 | 0.4696 | 0.0008*** | 0.4696 | 0.5221 | 0.2006 |

注："***""**"和"*"分别代表在1%、5%和10%临界水平下显著。

---

① 2011—2015年银行信贷错配程度低地区为：甘肃、新疆、上海、宁夏、山西、陕西、北京、海南、吉林和天津；错配程度中地区为：贵州、青海、湖北、黑龙江、云南、江西、广西、重庆、浙江和广东；错配程度高地区为：辽宁、山东、湖南、内蒙古、河南、江苏、安徽、河北、四川和福建。

# 第五章
## 金融资源错配对技术创新模式选择影响分析

从上表中的均值对比结果可以看出，不同银行信贷资源错配程度地区在技术创新模式、国有经济份额、研发经费投入强度、研发人员投入程度等方面存在诸多显著差异性特征。

首先，银行信贷资源错配程度越低，地区发明专利申请量占比越高。根据上表中的均值对比结果，相对于银行信贷资源错配程度中地区而言，银行信贷资源错配程度低地区发明专利申请量占比在1%临界水平下显著更高，银行信贷资源错配程度高地区的发明专利申请量占比相对更低，但目前尚不显著。

其次，银行信贷资源错配程度越高的地区的国有经济份额越低。上表中的均值对比结果显示：银行信贷资源错配程度低地区的国有经济份额均值为83.8419%，在1%临界水平下显著高于银行信贷资源错配程度中地区68.9593%的国有经济份额均值；而银行信贷资源错配程度高地区的国有经济份额均值为59.9863%，在1%临界水平下显著低于银行信贷资源错配程度中地区的相应均值。

最后，银行信贷资源错配程度中地区的基础设施和创新投入均最低。从上表中的均值对比结果可以看出：①相对于银行信贷资源错配程度中地区的基础设施投入强度均值96.9953%而言，银行信贷资源错配程度低地区和高地区的均值分别为98.0095%和97.6764%，均在1%临界水平下显著高于错配程度中地区。②相对于银行信贷资源错配程度中地区1.2236%的研发经费投入强度均值而言，错配程度低和错配程度高地区的均值分别为1.9304%和1.4820%，亦分别在1%和5%临界水平下显著高于错配程度中地区。③相对于银行信贷资源错配程度中地区0.4696%的研发人员投入程度均值而言，错配程度低地区的研发人员投入程度均值为0.9120%，在1%临界水平下显著高于错配程度中地区，错配程度高地区的研发人员投入程度均值为0.5221%，虽高于错配程度中地区，但目前尚不显著。

对不同银行信贷资源错配程度地区的各变量均值进行对比分析后，这里以各地区2011—2015年证券市场资源错配程度测算结果的均值大小为依据，首先将30个省区市划分为错配程度高、错配程度中、错配程度低3个不同的子样本，然后再采用双样本异方差均值比较法对这些不同证券市场资源错配程度地区的技术创新模式、国有经济份额、外资集中度、基础设施投入强度、研发经费投入强度和研发人员投入程度进行均值对比（表 5-7）①。

表 5-7 2011—2015 年不同证券市场资源错配程度地区各变量均值对比

| 变量 | 错配程度低 /% | 错配程度中 /% | P 值 | 错配程度中 /% | 错配程度高 /% | P 值 |
|---|---|---|---|---|---|---|
| Y | 39.4439 | 32.7088 | 0.0030*** | 32.7088 | 33.4250 | 0.370 81 |
| EM | 0.1556 | 0.0681 | 0.0054*** | 0.0681 | -0.0186 | 0.0048*** |
| NA | 77.6434 | 61.7847 | 0.0000*** | 61.7847 | 73.3592 | 0.0001*** |
| FDI | 12.5767 | 31.0117 | 0.0000*** | 31.0117 | 27.5687 | 0.2527 |
| INF | 97.4996 | 97.5299 | 0.4489 | 97.5299 | 97.6516 | 0.3131 |
| R&D | 1.4666 | 1.7472 | 0.1201 | 1.7472 | 1.4222 | 0.0217** |
| LB | 0.6306 | 0.7228 | 0.2375 | 0.7228 | 0.5501 | 0.0399** |

注："***""**"和"*"分别代表在 1%、5% 和 10% 临界水平下显著。

根据上表中的均值对比结果可知，不同证券市场资源错配程度地区在技术创新模式、国有经济份额、外资集中度和研发经费投入强度等方面存在如下显著差异性特征。

首先，证券市场资源错配程度低地区的发明专利申请量占比显著更高。从上表中的被解释变量（发明专利申请量占比）均值对比结果可以看出，证券市场资源错配程度低地区 2011—2015 年的发明专利申请占比均值为 39.4439%，在 1% 临界水平下显著高于错配程度中地区 32.7088% 的均值水平。上表还显示，错配程度高和错配程度中地区在发明专利申请占比方面并不存在显著性差异。

其次，国有经济份额随证券市场资源错配程度高低呈 U 形分布。根据表中不同证券市场资源错配程度地区的国有经济份额均值对比结果可知：2011—2015 年，证券市场资源错配程度中地区的国有经济份额均值为 61.7847%，在 1% 的临界水平下显著低于错配程度低和错配程度高地区。

---

① 2011—2015 年，证券市场资源错配程度高地区为：青海、安徽、云南、重庆、贵州、内蒙古、江西、广东、湖北和上海；错配程度中地区为：山东、天津、江苏、福建、陕西、广西、浙江、河南、山西和四川；错配程度低地区为：北京、宁夏、黑龙江、辽宁、河北、湖南、新疆、吉林、甘肃和海南。

再次，相对于证券市场资源错配程度中地区而言，错配程度低地区的外资集中度更低。上表中的外资集中度均值对比结果显示：2011—2015年，证券市场资源错配程度低地区的外资集中度均值为12.5767%，在1%的临界水平下显著低于错配程度中地区31.0117%的均值水平。

最后，相对于证券市场资源错配程度中地区而言，错配程度高地区的研发经费投入和研发人力投入更低。上表中的对比结果显示：虽然研发经费投入强度与研发人员投入程度在证券市场资源错配程度低地区和中地区之间的差异不明显，但错配程度高地区的研发经费投入强度和研发人员投入程度均在5%临界水平下显著低于错配程度中地区。

### 5.5.3 多变量回归检验

对模型（5-1）和（5-2）进行单变量因素分析后，为了充分了解银行信贷和证券市场资源错配对技术创新模式选择所产生的差异性影响，这里将基于面板数据模型对（5-1）和（5-2）进行独立分析。当采用面板数据进行回归分析时，首先需要对其模型设定形式及固定与随机效应进行检验。经检验后，(5-1)和（5-2）均采用固定效应的变截距常系数模型设定形式。在有效控制地区外资进入的溢出效应和创新环境等因素影响后，当采用模型（5-1）来检验银行信贷资源错配对地区技术创新模式选择影响时，基于面板数据模型的EGLS方法所得回归结果如表5-8所示。

表5-8 银行信贷资源错配对地区技术创新模式选择影响回归结果

| 变量 | （1） | （2） | （3） | （4） | （5） | （6） |
| --- | --- | --- | --- | --- | --- | --- |
| $C$ | 0.3204<br>（0.0000） | 1.0295<br>（0.0000） | 0.8162<br>（0.0000） | -1.7692<br>（0.0132） | -1.3613<br>（0.0490） | -1.2912<br>（0.0634） |
| $DM$ | -0.1419**<br>（0.0225） | -0.4527***<br>（0.0000） | -1.4450***<br>（0.0006） | -1.3315***<br>（0.0008） | -0.9415**<br>（0.0177） | -0.8615**<br>（0.0286） |
| $NA$ | | -1.0953***<br>（0.0000） | -0.8088***<br>（0.0000） | -0.4146**<br>（0.0128） | -0.3586**<br>（0.0249） | -0.4382***<br>（0.0054） |
| $NA \cdot DM$ | | | 1.4255**<br>（0.0121） | 1.3579**<br>（0.0113） | 0.8549<br>（0.1105） | 0.7358<br>（0.1672） |

续表

| 变量 | （1） | （2） | （3） | （4） | （5） | （6） |
|---|---|---|---|---|---|---|
| FDI | | | | 0.1289<br>（0.2106） | 0.1473<br>（0.1509） | 0.1172<br>（0.2678） |
| INF | | | | 2.3487***<br>（0.0008） | 1.7591**<br>（0.0109） | 1.7930**<br>（0.0102） |
| R&D | | | | | 8.7414***<br>（0.0042） | 2.4479<br>（0.5732） |
| LB | | | | | | 9.1060*<br>（0.0813） |
| $R^2$ | 0.9632 | 0.9504 | 0.9455 | 0.9235 | 0.9281 | 0.9279 |

注：①括号里为估计系数的 $P$ 值；②"***""**"和"*"分别代表在1%、5%和10%临界水平下显著。

从上表中的回归检验结果可以看出，银行信贷资源错配对地区技术创新模式选择的影响具有如下显著性特征。

第一，银行信贷资源错配严重阻碍地区原始发明创新活动的进行。从上表中的回归结果（1）~（6）可以看出，银行信贷资源错配程度（DM）对被解释变量（发明专利申请量占比）的回归系数始终在1%或5%临界水平下显著为负。根据计算公式（4-8）可知，当DM越大时，银行信贷资源错配程度越严重。回归系数为负进一步说明，当DM越大时，发明专利申请量占比越低，银行信贷资源错配将严重阻碍地区原始发明创新能力的提升。

第二，国有经济份额越重越不利于原始发明创新能力的提升，且会进一步加剧银行信贷资源错配对发明创新的扭曲作用。根据表中的回归结果，国有经济份额（NA）对发明专利申请量占比的回归系数始终在1%或5%临界水平下显著为负，说明地区国有经济份额越高时，发明专利申请量占比越低，从而不利于原始发明创新能力的提升。又因国有经济份额与银行信贷资源错配程度的交互项（NA·DM）的回归系数始终为正，且在回归结果（3）和（4）中显著，进一步说明地区国有经济份额越高越会加剧银行信贷资源错配对该地区发明创新的扭曲作用。正如Hart等（1997）和Shleifer（1998）所论证，当所有权为政府所有时，企业经济通常没有激励去进行有利于降低成本和改善质量的技术创

# 第五章
## 金融资源错配对技术创新模式选择影响分析

新投资[①②]。

第三，外资进入不能提升地区原始发明创新能力，但良好的创新环境是提升发明创新的重要影响因素。从上表中的回归结果（4）~（6）可知，外资集中度（FDI）的回归系数虽为正，但始终不显著，说明外资进入不会提升我国各地区原始发明创新能力。然而，回归结果（4）~（6）中基础设施投入强度（INF）的估计系数始终在1%或5%临界水平下显著为正，说明地区基础设施越完善，越有利于其原始发明创新能力的提升。

第四，研发经费投入的增加有利于提升地区原始发明创新能力，但研发人员投入的增加效果更明显。从上表中的回归结果（5）和（6）可以看出，当不考虑研发人员对地区发明创新影响时，研发经费投入强度（R&D）的回归系数在1%的临界水平下显著为正，说明追加研发经费投入有利于地区原始发明创新能力的提升。但当研发人员投入程度（LB）加大时，回归结果（6）却显示R&D的估计系数变得不再显著，而LB的系数显著为正。这进一步说明，相对于追加研发经费投入而言，增加研发人员投入将更能提升地区原始发明创新能力。

在完成银行信贷资源错配对地区技术创新模式选择影响分析后，再以固定效应的变截距常系数面板数据模型（5-2）来检验证券市场资源错配对地区技术创新模式选择影响，基于面板数据模型的EGLS方法得到的回归结果如表5-9所示。

表5-9 证券市场资源错配对地区技术创新模式选择影响回归结果

| 变量 | （1） | （2） | （3） | （4） | （5） | （6） |
| --- | --- | --- | --- | --- | --- | --- |
| C | 0.3471（0.0000） | 0.8565（0.0000） | 0.8525（0.0000） | -1.8796（0.0163） | -1.5109（0.0398） | -1.5516（0.0388） |
| EM | 0.0126（0.3729） | 0.0397*（0.0650） | 0.0144（0.9127） | 0.0473（0.7367） | 0.0492（0.7101） | 0.0766（0.5584） |

---

① HART O, SHLEIFER A, VISHNY R W. The proper scope of government: theory and an application to prisons [J]. Quarterly journal of economics, 1997, 112（4）: 1127-1161.
② SHLEIFER A. State versus private ownership [J]. Journal of economic perspectives, 1998, 12（4）: 133-150.

续表

| 变量 | （1） | （2） | （3） | （4） | （5） | （6） |
|---|---|---|---|---|---|---|
| $NA$ | | -0.7319*** (0.0000) | -0.7259*** (0.0000) | -0.3442*** (0.0051) | -0.1563 (0.2079) | -0.1737 (0.1656) |
| $NA \cdot EM$ | | | 0.0728 (0.6804) | 0.1161 (0.5368) | 0.1131 (0.5171) | 0.1399 (0.4272) |
| $FDI$ | | | | 0.2466** (0.0140) | 0.3530*** (0.0005) | 0.3363*** (0.0027) |
| $INF$ | | | | 2.4675*** (0.0011) | 1.7452** (0.0163) | 1.8446** (0.0138) |
| $R\&D$ | | | | | 11.415*** (0.0000) | 5.9105 (0.1741) |
| $LB$ | | | | | | 7.3450 (0.1303) |
| $R^2$ | 0.9703 | 0.9447 | 0.9460 | 0.9227 | 0.9252 | 0.9194 |

注：①括号里为估计系数的 $P$ 值；②"***""**"和"*"分别代表在1%、5%和10%临界水平下显著。

当基于面板数据模型（5-2）来检验证券市场资源错配对技术创新模式选择影响时，从上表中的回归结果可以看出如下显著性特征。

首先，虽然证券市场资源错配不利于我国原始发明创新能力的提升，但目前尚不显著。根据证券市场资源错配程度（$EM$）的计算公式，$EM$值越大，则证券市场资源错配程度越小。然上表中的回归结果（1）~（6）显示，虽然证券市场资源错配程度（$EM$）对发明专利申请量占比的回归系数均为正，但除回归结果（2）在10%临界水平下显著外，其他结果均不显著。这一回归结果说明，证券市场资源错配会阻碍我国原始发明创新，但目前这种负面影响基本上不显著。

其次，当证券市场出现资源错配时，提升创新环境和外资集中度水平将有利于地区原始发明创新能力的提升。从上表中的回归结果（4）~（6）可以看出，外资集中度（$FDI$）和基础设施投入强度（$INF$）的回归系数均在1%或5%临界水平下显著为正，说明外资集中度越高、创新环境越优越，越有利于地区发明专利申请量占比的提升。

最后，在证券市场资源错配约束下，国有经济份额及研发经费投入强度的高低仍是影响地区发明创新的重要因素。根据表中的回归结果（2）~（6）可知，国有经济份额（$NA$）对地区发明专利申请量占比的回归系数始终为负，且在（2）~（4）中均在1%临界水平下显著，说明在证券市场资源错配约束下，国有经济份额越重地区的发明专利申请量占比越低，从而不利于地区原始发明创新。回归结果（5）显示，研发经费投入强度（$R\&D$）的回归系数在1%的临界水平下显著为正，这说明增加研发经费投入将有利于地区技术创新模式由实用新型和外观设计向原始发明创新的转变，从而有利于提升地区原始发明创新能力。

## 5.6　本章小结

随着国际竞争程度和西方发达国家技术封锁程度的日益加剧，技术创新（特别是原始发明创新）将是充分保证我国创新驱动发展战略成功实施的重要前提。技术创新不仅需要大量人力、财力和物力的投入，更是各种社会资源合理配置的结果。作为社会资源的核心，金融资源的优化配置将引导其他生产要素的合理流动，最终共同促进某一国家或某一经济体研发能力的提升及研发成果积极向生产成果的转变，进而不断突破发达国家先进技术的封锁和自身落后生产技术的瓶颈约束，实现生产技术水平的超越和生产力的飞跃。然而，一旦作为核心生产要素的金融资源出现错配，则这不仅不能合理有效地引导其他资源不断地从效率低下的企业或部门流入效率更高的企业或部门，而且还会严重扰乱资本市场价格信号，从而严重影响从事研发活动企业或部门所需研发资金投入的资金融通、研发活动风险的分散及对研发投资预期收益的研判，最终扭曲从事研发和技术创新活动主体的技术创新模式选择。

本章首先对技术创新的基本内涵及其历史演进逻辑进行了梳理与回顾，并进一步对国内外学者关于技术创新模式选择分类情况进行了总结。在此基础上，进一步从理论上分析银行信贷与证券市场资源错配这两种不同金融资源错配形态对创新主体技术创新模式选择的影响，然后再对我国2011—2015年各地区银行信贷和证券市场资源错配程度进行样本均值分析，并以此为基础来进行回归检验。按照地区银行信贷资源错配程度均值大小将除西藏之外的 30 个省区市分为错配程度高、错配程度中、错配程度低 3 个子样本后,进一步对错配程度低与错配程度中地区之间及错配程度中与错配程度高地区之间的技术创新模式、外资集中度、基础设施投入强度、研发经费投入强度及研发人员投入程度等相关重要变量采用双样本异方差均值比较法对比后发现:①银行信贷资源错配程度越低,地区发明专利申请量占比越高;②银行信贷资源错配程度越高的地区的国有经济份额越低;③银行信贷资源错配程度中地区的基础设施和创新投入均最低。当再次采用双样本异方差均值比较法来对比分析不同证券市场资源错配程度地区在技术创新模式、外资集中度、研发经费投入强度和研发人员投入程度等变量上的差异时发现:①证券市场资源错配程度低地区的发明专利申请量占比显著更高;②国有经济份额随证券市场资源错配程度高低呈 U 形分布;③相对于证券市场资源错配程度中地区而言,错配程度低地区的外资集中度更低;④相对于证券市场资源错配程度中地区而言,错配程度高地区的研发经费投入和研发人力投入更低。

在完成对不同银行信贷和证券市场资源错配程度地区各变量的均值对比后,基于面板数据模型的 EGLS 方法对模型(5-1)和(5-2)独立地进行了多变量回归检验。当实证检验银行信贷资源错配对地区技术创新模式选择影响时发现:①银行信贷资源错配严重阻碍地区原始发明创新活动的进行;②国有经济份额越重越不利于原始发明创新能力的提升,且会进一步加剧银行信贷资源错配对发明创新的扭曲作用;③外资进入不能提升地区原始发明创新能力,但良好的创新环境是提升地区原始发明创新能力的重要影响因素;④研发经费投入的增加有利于提升地区原始发明创新能力,但研发人员投入的增加效果更明显。当实证检验证券市场资源错配对地区技术创新模式选择影响时发现:①虽然证券市场资源错配不利于我国原始发明创新能力的提升,但目前尚不显著;②当证券市场出现资源错配时,提升创新环境和外资集中度水平将有利于地区原始发明创新能力的提升;③在证券市场资源错配约束下,国有经济份额与研发经费投入强度的高低仍是影响地区发明创新的重要因素,增加研发经费投入和降低国有经济份额均有利于地区原始发明创新能力的提升。

# 第六章　技术创新模式选择对地区生产效率影响分析

改革开放 40 多年来，我国经济实力和综合国力明显提升，GDP 年均以 10% 左右高速增长。然而，这种高速增长的态势能否持续及如何进一步确保我国经济持续稳定快速的增长深受各地政府与广大学者的高度关注。众所周知，在过去的几十年中，因得益于人口红利、结构红利和改革红利，我国经济在要素拉动和投资拉动下实现了经济的快速稳定增长。随着这些红利的逐渐消失，我国及时做出了创新驱动发展的宏观战略调整。根据内生经济增长理论，科技、知识是推动经济稳定增长的持久动力，技术创新模式选择的扭曲势必造成生产效率的损失。

## 6.1　生产效率内涵界定

根据《资本论》中的定义，劳动生产率（labour productivity）是指劳动者在一定时期内创造的劳动成果与其相适应的劳动消耗量的比值。在不引起歧义的情况下，劳动生产率经常又被称为劳动生产效率。某一国家或某一经济体的劳动生产效率可以用同一劳动在单位时间内生产某种产品的数量来表示。当单位时间内生产的产品数量越多时，劳动生产效率就越高；反之则越低。此外，劳动生产效率还可以用生产单位产品所耗费的劳动时间来表示。当生产单位产品所需要的劳动时间越少时，劳动生产效率就越高；反之，则越低。

劳动生产效率的高低受到劳动者劳动熟练程度、技术创新水平、生产与组织管理效率等诸多因素的影响。当劳动者劳动熟练程度越高时，劳动生产效率越高。这里所指的劳动者劳动熟练程度不仅指劳动者实际操作技术，而且也包括劳动者接受新生产技术手段及适应新工艺流程的能力等。当科学技术发展水平越高时，劳动生产效率将越高；当劳动组织和生产管理水平越高时，劳动生产效率亦将越高；当劳动工具或原材料等生产资料的使用效率越高时，劳动生产效率也会越高。此外，资金充裕程度、生产企业规模、行业竞争程度等也都会对劳动生产效率产生重要影响。在我国生产效率的研究中，很多学者讨论了不同生产要素投入对我国综合生产效率的影响（Fan，1996；姚洋等，2001；赵伟等，2005；吴延兵，2012；孙晓华等，2016）。随着金融资源错配导致的不良经济后果越来越受到重视，国内外学者开始逐渐关注因金融资源错配而引致的生产效率损失问题。

进入 20 世纪以来，随着各国技术水平差距的不断扩大，关于某一国家或某一经济体的技术生产效率问题逐渐进入人们的视野。自 Farrel（1957）开创性地对生产效率中的技术生产效率问题进行研究以来，国内外学者对各国技术生产效率的演进规律及其重要性进行了深入研究。虽然迄今为止并没有对何为技术生产效率形成一致性的定义，但纵观国内外学者对该问题的研究进展情况可知，技术生产效率一般又称为技术创新效率。在早些时期，技术生产效率一般用研发投入的产出比加以衡量。随着对该问题研究的不断深入，人们通过 DEA 模型或 SFA 模型中的实际技术创新产出相对于潜在创新产出的差距来进行间接的衡量[1]。近些年来，当越来越多的学者开始关注技术创新如何更好地转化为生产效率时，他们进一步对研发投入到专利产出、专利产出到成果商业转化这两个不同阶段的技术生产效率的综合水平进行测算与度量[2]。

随着我国自改革开放以来增长奇迹的出现，以及创新驱动发展战略的提出，虽然越来越多的国内外学者从多个角度对我国技术生产效率问题进行了广泛而深入的探讨（Wu 等，2010；Chen 等，2012；余泳泽，2013；赵增耀等，2015），但从资源错配角度出发对该问题进行研究的现有成果甚少，更鲜有从金融资源错配视角对技术创新问题进行研究的相关文献。

---

[1] GUAN J C, CHEN K H. Measuring the innovation production process: a cross-region empirical study of China's high-tech innovations [J]. Technovation, 2010, 30 (5): 348-358.
[2] 范德成，李盛楠. 区域高技术产业技术创新效率测度与提升路径研究：基于共享投入关联型两阶段 DEA 模型 [J]. 运筹与管理，2019，28 (5): 156-165.

## 6.2 不同技术创新模式选择对生产效率的影响分析

无论是劳动生产效率的提升还是技术生产效率的提升都离不开资源的合理配置，资源错配势必造成劳动生产效率和技术生产效率的损失。自赵自芳等（2006）开创性地研究要素市场扭曲对我国产业效率影响以来，越来越多的国内外学者对我国资源错配程度及其对劳动生产效率与技术生产效率所造成的影响进行广泛研究。

对资源错配如何影响生产效率进行研究时，首先需要对资源错配程度的高低进行合理有效的测算。然而，诸多学者在测算资源错配程度大小时，则是将资源错配和效率损失看成一个问题的两个方面。因此，他们更多是通过生产效率损失的高低来间接反映资源错配程度的大小。在资源错配引起生产效率损失方面，Aoki（2009）在对行业内企业做出同质性假定下，通过测算全要素生产率损失的大小设计了行业间资源错配程度的度量方法。陈永伟等（2011）则利用类似的方法对我国制造行业间的要素扭曲系数进行了测算，他们发现资源错配导致我国制造业的实际产出相对于潜在产出出现15%的缺口。在企业异质性假设下，Hseih等（2009）通过测算全要素生产率的损失来间接测算企业层面的资源错配程度。邵宜航等（2013）利用该方法来计算我国整体水平的资源错配程度时发现，资源错配造成我国全要素生产率损失达200%以上。在金融资源错配程度测算方面，虽然Midrigan等（2014）和Moll（2014）对因金融市场摩擦所导致的金融资源错配程度进行了测算，但因金融市场摩擦目前并不是引起我国金融资源错配的根本性原因，该方法很少被用来测算我国金融资源错配程度大小。在对我国的金融资源错配程度进行测算的研究过程中，靳来群（2015）同样以金融资源错配必将造成效率损失为逻辑起点，并在综合Hsieh等（2009）和Brandt等（2013）基础上对我国因所有制歧视所造成的金融资源错配程度进行了测算。对我国金融资源错配程度进行研究的还有鞠市委（2016）、刘斌斌等（2019）、刘斌斌等（2020）。

根据新古典经济增长理论，除物质资本外，劳动也是促进经济增长的重要投入要素之一。毋庸置疑，当劳动力市场出现扭曲时，势必也会造成生产效率的损失。于是，劳动要素资源扭曲程度的高低及其所导致的经济后果引发了学者的广泛关注。在此之中，柏培文（2012）对我国劳动力要素的具体扭曲程度进行了测算。杨震宇（2015）以 2005—2007 年工业企业数据为样本对我国研发型企业在生产资本、劳动力和研发资本 3 个方面的要素错配程度进行了测算，进一步研究得出要素错配所导致的我国研发型企业生产效率损失高达 38% 以上。盖庆恩等（2013）发现，如果效率劳动市场扭曲，中国的劳动产出将增加 19.53%。葛鹏等（2017）在研究金融资源错配对产业效率损失影响时发现，2004—2007 年因金融资源错配所造成的融资约束将给我国工业企业带来 32%～38% 的总产出效率损失。

资源错配不仅会造成生产效率的损失，而且还会阻碍创新主体技术创新模式选择并造成技术生产效率损失。张杰等（2011）明确指出，要素市场扭曲明显抑制了我国企业研发投入。汪伟等（2015）指出，金融要素市场扭曲不仅影响企业的创新投入和创新成果，而且在不同所有制企业间存在明显差异。戴魁早等（2016）认为，要素市场扭曲会抑制我国高新技术企业或产业的技术生产效率，但其抑制作用存在明显的边际贡献递减规律。白俊红等（2016）在对劳动力和资本要素市场扭曲所造成的我国技术生产效率损失进行研究时发现，消除劳动力和资本要素市场扭曲将使得我国技术生产效率分别提高 10.46% 和 20.55%。

然而，诸多国内外学者尽管对资源错配或要素扭曲降低劳动生产效率和技术生产效率程度进行了广泛而深入的分析，但对其作用机制与影响路径缺乏有效的研究。据笔者所知，除张海洋（2005）、吴延兵（2008）及吴延兵等（2011）少数文献比较了不同技术创新模式选择会对企业生产效率产生差异性影响外，迄今很少有对不同技术创新模式选择如何影响我国地区生产效率进行研究的相关成果，更没有对技术创新模式选择如何影响我国地区技术生产效率进行深入研究的相关文献。鉴于此情形，本章旨在对技术创新模式选择如何影响我国各地区生产效率进行分析与度量。

技术创新不仅能帮助企业率先占领产品市场、实现规模经济，还能够帮助企业率先获得有利的空间、位置等稀缺资源，从而使企业获得持续的竞争优势并有利于企业生产效率的提升。正如 Kevin（2001）所指出，在充满不确定性和激烈竞争的市场环境中，产品创新策略是决定企业绩效的关键[①]。Crépon 等

---

① LAVERTY K J. Market share, profits and business strategy [J]. Management decision, 2001, 39（8）: 607-618.

# 第六章
## 技术创新模式选择对地区生产效率影响分析

（1998）和 Griffith（2006）在运用不同国家企业数据进行研究时均发现，产品创新对生产效率有促进作用。然而，因不同技术创新模式在资金投入需求、收益内部化程度及研发成功的风险程度等方面均存在显著差异，当创新主体面临金融资源错配时，诸多创新主体在技术创新过程中不仅会面临研发投入融资约束，而且还会面临研发风险难以分散、研发收益难以得到正确评估等困境。在这样的市场环境背景下，创新主体只能对技术创新模式做出次优的选择。毋庸置疑，技术创新模式选择的不同势必会对其生产效率产生显著的差异性影响。Das 等（2000）和 Amir 等（2003）认为，除内部化收益外，合作创新还能够以分散技术不确定性风险、缩短创新周期等优势被广泛认为是企业竞争优势的重要来源，这一点同样被 Belderbos（2004）、Faems（2005）和 Lööf（2009）等的研究结论所证实。Aghion 等（2001）和 Mukoyama（2003）通过实证研究数据发现，模仿创新不仅可以提升经济的静态效率，还可以改善经济的动态绩效。在对我国技术创新模式选择与生产效率问题的相关研究中，Zhou（2006）运用 298 个企业调研数据进行实证研究时发现，创新比模仿更有利于新产品市场绩效的提升。吴延兵等（2011）运用非国有企业调研数据进行研究时指出，合作创新企业的效率最高、模仿创新企业的效率次之、独立创新企业的效率再次之。虽然上述诸多学者针对技术创新活动组织形式的不同如何影响生产效率进行了深入探讨，但本研究更侧重于从技术创新模式选择差异视角来分析其对生产效率的具体影响。遗憾的是，有关技术创新模式选择的不同如何影响生产效率的现有研究成果甚少。

毋庸置疑，对于不同的技术创新模式选择而言，虽然包含实用新型和外观设计在内的二次创新曾为我国经济总量的提升发挥了巨大的作用，但随着我国经济发展水平的进一步提升及发达国家技术封锁程度的日益加剧，在我国长期面临原始发明创新不足、产品核心竞争力匮乏的国际背景下，分析原始发明创新不足对我国生产效率所带来的不利影响程度更具现实意义。根据前几章的分析结果可知，在我国长期以银行为金融资源配置主要渠道的制度背景下，"二元"所有制经济结构特征与政府对金融资源配置的干预已经使得我国出现严重的银行信贷资源错配，而银行信贷资源错配将直接导致我国原始发明创新能力的不足。一方面，原始发明创新不足将严重阻碍我国生产效率的提升。随着我国经济发展水平逐渐步入中等收入国家行列，产品生产与出口的竞争对手已经不再是那些落后的欠发达国家,而是美国、日本、德国等发达国家。在这样的竞争性市场中,那些技术含量低的二次创新已经不再具有任何竞争优势,且难以提升我国生产效率。在新的国际国内环境下,只有原始发明创新才能有效促进生产效率的提升。因此,原始发明创新能力的扭曲势必降低我国生产效率。当再次考虑到我国东、中、西部地区现有经济基础与生产效率发展水平差异时,因为东部地区现有生产效率最高、中部次之、西部最低,原始发明创新能力的下降对我国生产效率的负面影响必定呈现由东向西递减趋势。另一方面,原始发明创新不足也会降低我国技术生产效率。根据国家知识产权局官方数据查询结果可知,虽然我国专利申请与授权量近些年来已经取得显著成效,但技术创新成果商业转化率依然很低,我国"专利泡沫"现象非常明显。根据熊彼特对技术创新的定义可知,技术创新能力的提升不应仅满足于专利产出的增加,最终应以技术创新成果转化应用的能力水平来对某一国家或某一经济体的技术创新能力加以衡量。当经济发展水平较低时,包括实用新型和外观设计在内的二次创新成果很容易就得到了市场的认可并被广泛用于对生产流程、工艺等的改进,二次创新成果转化率高。然而,随着我国进入更高水平的经济发展阶段,即使二次创新成果能及时转化为生产力,其也只能处于低级水平,对技术生产效率的拉动效应不明显。在更高水平的经济发展阶段,只有那些原始发明创新成果才能在成果转化后发挥更强的引擎作用。因此,在经济进入更高水平发展阶段后,原始发明创新的不足必然会降低我国技术生产效率。当进一步结合我国东、中、西部地区经济与技术基础差异后,原始发明创新不足对我国技术生产效率的影响将呈现由东向西递增态势。

## 6.3 不同技术创新模式选择影响生产效率实证检验

### 6.3.1 模型设定与样本筛选

根据新经济增长理论,劳动、资本和知识技术是影响产出的重要因素,而知识技术差异是世界各国收入差距的重要原因。在研究技术创新模式选择扭曲造成生产效率损失时,首先需要选择合适的参考系。因为本章旨在分析因金融资源错配所导致的原始发明创新不足对生产效率的影响,故而以包括外观设计和实用新型在内的二次创新为参考对技术创新模式选择扭曲所造成的生产效率损失进行分析。根据边际产出递减规律可知，规模越大的企业边际产出效率越低。同时考虑到微观市场结构是影响企业生产效率的重要因素，而外资利用的技术溢出效应也对生产效率产生重要影响并对我国经济的快速增长做出了巨大贡献，借鉴吴延兵（2012）的思路，本章在有效控制企业规模、市场竞争程度和外资利用程度等因素影响基础上，基于如下面板数据模型来分析原始发明创新动力缺失造成我国生产效率损失的大小：

$$Y_{it} = \alpha_0 + \alpha_1 INO_{it} + \alpha_2 COM_{it} + \alpha_3 FDI_{it} + \alpha_4 SIZE_{it} + U_{it} \circ \quad (6-1)$$

式中，$i=1, 2, \cdots, N$，表示不同省区；$t=1, 2, \cdots, T$，为不同年份；被解释变量 $Y$ 表示劳动效率，分别以单位劳动产出的对数（$YL$）来代表劳动生产效率，以单位劳动的新产品销售收入的对数（$PL$）来代表技术生产效率；$INO$ 为发明专利申请量与除发明专利之外的二次创新专利申请量之比的对数，用以衡量相对于二次创新而言，原始发明创新的提升将如何影响产出效率；$COM$ 代表地区微观市场竞争程度，定义为各省区市国有企业就业人数占总就业人数的比重；$FDI$ 为外资利用程度，用各地区实际利用外资金额与国民产出之比进行衡量；$SIZE$ 为企业规模，等于行业员工总人数除以企业数量；$U$ 为扰动项。

由于西藏地区部分数据缺失，这里以 2011—2015 年我国 30 个省区市年度工业数据为样本对模型（6-1）进行实证检验。数据来自各地区统计年鉴、地区年度《国民经济和社会发展统计公报》、国家统计局官方网站及国家知识产权局官方网站。

## 6.3.2 单变量因素分析

考虑到我国经济发展整体水平、劳动生产效率、市场竞争程度和外资利用规模等因素在各地区间存在巨大差异，这里首先将我国 30 个样本省区市分成东、中、西部 3 个不同子样本，然后再对各地区单独进行实证检验[①]。在进行多

---

① 东部地区包括：北京、天津、广东、福建、江苏、浙江、山东、上海、河北、海南和辽宁；中部地区包括：安徽、湖南、湖北、河南、江西、山西、吉林、黑龙江和内蒙古；西部地区包括：甘肃、贵州、广西、宁夏、青海、陕西、四川、新疆、云南和重庆。

变量回归检验前,先采用双样本异方差均值比较法对2011—2015年各变量在不同地区间进行均值比较,所得结果如表6-1所示。

表6-1 2011—2015年各变量在不同地区间的均值比较结果

| 变量 | 东部 | 中部 | $P$值 | 中部 | 西部 | $P$值 |
| --- | --- | --- | --- | --- | --- | --- |
| YL | 4.7488* | 4.6709 | 0.0542 | 4.6709** | 4.5962 | 0.0286 |
| PL | 2.7371*** | 2.0621 | 0.0000 | 2.0621*** | 1.6924 | 0.0081 |
| INO | −0.4336 | −0.5056 | 0.1695 | −0.5056 | −0.5101 | 0.4730 |
| COM | 0.1657*** | 0.3020 | 0.0000 | 0.3020*** | 0.4176 | 0.0003 |
| FDI | 0.0345*** | 0.0237 | 0.0001 | 0.0237*** | 0.0075 | 0.0000 |
| SIZE | 0.0273** | 0.0303 | 0.0347 | 0.0303* | 0.0325 | 0.0917 |

注:"***""**"和"*"分别代表在1%、5%和10%的临界水平下显著。

从上表的均值比较结果可以看出,2011—2015年,我国劳动生产效率、技术生产效率、市场竞争程度、企业规模及外资利用程度等变量在东、中、西部之间存在巨大差异。

首先,我国企业劳动生产效率呈现明显的由东向西递减趋势。根据上表的均值比较结果,2011—2015年,我国东部地区劳动生产效率的均值为4.7488,在10%临界水平下高于中部地区4.6709的均值水平,而中部地区又在5%的临界水平下高于西部地区4.5962的劳动生产效率均值水平。在技术生产效率方面,东部地区单位劳动的新产品销售收入的对数均值为2.7371,在1%的临界水平下高于中部地区2.0621的均值水平,而中部地区又在1%的临界水平下高于西部地区1.6924的均值水平。

其次,虽然发明专利申请量比例亦呈现由东向西递减趋势,但各地区之间的差异尚不明显。根据定义可知,变量INO值越大,说明发明专利申请量相对于二次创新专利申请量的比例越高。从均值比较结果可以看出,2011—2015年东部地区发明专利申请量比例的对数均值为−0.4336,而中部和西部地区的均值分别为−0.5056和−0.5101,呈现由东向西递减趋势,但目前这些地区之间的差异尚不显著。

再次,市场竞争程度和外资利用程度均由东向西递减。根据市场竞争程度的定义，COM值越大说明国有企业就业人数比例越高，市场竞争程度越低。上表中的均值比较结果显示，2011—2015年，我国各地区间的市场竞争程度和外资实际利用金额占GDP的比重均明显由东向西递减，与我国现实经济发展状况完全一致。2011—2015年，我国东部地区国有企业就业人数比例和外资利用程度均值分别为0.1657和0.0345，分别在1%的临界水平下低于和高于中部地区均值水平，而中部地区又在1%的临界水平下低于和高于西部地区均值水平。

最后，企业规模大小由东向西递增。表中均值比较结果显示，2011—2015年，东部地区企业规模均值为0.0273，在5%的临界水平下低于中部地区0.0303的均值水平，而中部地区又在10%的临界水平下低于西部地区0.0325的均值水平。

### 6.3.3 多变量回归检验

在完成2011—2015年我国东、中、西部地区各变量的均值对比分析后，这里采用面板数据的EGLS方法并基于模型（6-1）对技术创新模式选择扭曲影响各地区生产效率进行实证检验，所得回归结果如表6-2所示。

表6-2 2011—2015年技术创新模式选择扭曲影响各地区生产效率回归结果

| 变量 | 劳动生产效率 | | | 技术生产效率 | | |
|---|---|---|---|---|---|---|
|  | （1） | （2） | （3） | （4） | （5） | （6） |
| Panel A 全国范围 | | | | | | |
| $C$ | 4.7770<br>（0.0000） | 4.7184<br>（0.0000） | 5.3307<br>（0.0000） | 2.3442<br>（0.0000） | 2.4028<br>（0.0000） | 2.9515<br>（0.0000） |
| $INO$ | 0.2105***<br>（0.0000） | 0.2002***<br>（0.0000） | 0.1235***<br>（0.0000） | 0.3979***<br>（0.0000） | 0.3223***<br>（0.0000） | 0.2845***<br>（0.0000） |
| $COM$ |  | 0.0210<br>（0.7674） | 0.0216<br>（0.5469） |  | 0.0518<br>（0.5672） | 0.0538<br>（0.5589） |
| $FDI$ |  | 2.0757***<br>（0.0073） | 1.2729<br>（0.1186） |  | -4.7266***<br>（0.0091） | -4.0672**<br>（0.0185） |
| $SIZE$ |  |  | -21.0274***<br>（0.0000） |  |  | -19.4396***<br>（0.0000） |
| $R^2$ | 0.9149 | 0.9187 | 0.9539 | 0.9862 | 0.9851 | 0.9858 |

续表

| 变量 | 劳动生产效率 | | | 技术生产效率 | | |
|---|---|---|---|---|---|---|
| | （1） | （2） | （3） | （4） | （5） | （6） |
| Panel B 东部地区 | | | | | | |
| C | 4.8444<br>（0.0000） | 4.7399<br>（0.0000） | 5.7450<br>（0.0000） | 2.8516<br>（0.0000） | 2.9417<br>（0.0000） | 5.3475<br>（0.0000） |
| INO | 0.2204***<br>（0.0001） | 0.2202***<br>（0.0001） | 0.1303***<br>（0.0051） | 0.2643***<br>（0.0007） | 0.1785**<br>（0.0154） | 0.0401<br>（0.6040） |
| COM | | 0.2281<br>（0.2155） | 0.1603<br>（0.2901） | | 0.3537<br>（0.0897） | 0.1247<br>（0.5248） |
| FDI | | 1.9294*<br>（0.0794） | 0.3061<br>（0.7852） | | −5.3909***<br>（0.0090） | −8.2317***<br>（0.0015） |
| SIZE | | | −35.7729***<br>（0.0000） | | | −85.3220***<br>（0.0000） |
| $R^2$ | 0.9332 | 0.9369 | 0.9860 | 0.9887 | 0.9899 | 0.9861 |
| Panel C 中部地区 | | | | | | |
| C | 4.8080<br>（0.0000） | 4.6688<br>（0.0000） | 5.1284<br>（0.0000） | 2.2578<br>（0.0000） | 2.0877<br>（0.0000） | 2.8565<br>（0.0000） |
| INO | 0.2712***<br>（0.0000） | 0.1833*<br>（0.0530） | 0.1359*<br>（0.0660） | 0.3872***<br>（0.0001） | 0.2707**<br>（0.0493） | 0.3678***<br>（0.0018） |
| COM | | −0.0207<br>（0.8412） | −0.0679<br>（0.5330） | | −0.0503<br>（0.7033） | −0.0999<br>（0.5790） |
| FDI | | 4.2633<br>（0.1585） | 2.6934<br>（0.2365） | | 5.3388<br>（0.2257） | 1.1572<br>（0.7278） |
| SIZE | | | −14.2637**<br>（0.0109） | | | −19.9983*<br>（0.0735） |
| $R^2$ | 0.9212 | 0.9188 | 0.9222 | 0.9810 | 0.9826 | 0.9804 |

续表

| 变量 | 劳动生产效率 | | | 技术生产效率 | | |
|---|---|---|---|---|---|---|
| | （1） | （2） | （3） | （4） | （5） | （6） |
| Panel D 西部地区 | | | | | | |
| C | 4.6656<br>(0.0000) | 4.7803<br>(0.0000) | 5.2678<br>(0.0000) | 1.9572<br>(0.0000) | 2.1924<br>(0.0000) | 2.5319<br>(0.0000) |
| INO | 0.1360**<br>(0.0253) | 0.1165*<br>(0.0637) | 0.0588<br>(0.2518) | 0.5192***<br>(0.0000) | 0.4868***<br>(0.0000) | 0.4282***<br>(0.0000) |
| COM | | −0.0530<br>(0.6647) | 0.0129<br>(0.7964) | | 0.0337<br>(0.8203) | 0.0457<br>(0.7309) |
| FDI | | −13.7482*<br>(0.0473) | −4.7845<br>(0.2311) | | −35.6445***<br>(0.0000) | −30.8487***<br>(0.0000) |
| SIZE | | | −20.9932***<br>(0.0000) | | | −12.6128**<br>(0.0166) |
| $R^2$ | 0.6619 | 0.6848 | 0.9371 | 0.9697 | 0.9703 | 0.9714 |

注：①估计系数下方括号里为P值；②"***""**"和"*"分别代表在1%、5%和10%临界水平下显著。

从上表中的多变量回归检验结果可以看出，技术创新模式选择扭曲对我国东、中、西部劳动生产效率和技术生产效率的影响具有如下显著特征。

第一，原始发明创新能力的降低将阻碍我国劳动生产效率和技术生产效率的发展，且对技术生产效率的影响程度更大。从上表中Panel A的回归结果可知，平均而言，发明专利申请量相对于二次创新专利申请量的比例每降低1%将导致全国劳动生产效率降低0.1235%～0.2105%，而全国技术生产效率会下降0.2845%～0.3979%。这一结果说明，原始发明创新能力的下降将导致我国劳动生产效率和技术生产效率的双重损失，且对技术生产效率的影响更为严重。

第二，原始发明创新不足对我国中部地区劳动生产效率的负面影响最为明显，其次是东部地区和西部地区。上表中Panel B～Panel D中的INO对劳动生产效率的回归系数显示，发明专利申请量相对于二次创新专利申请量的比例每下降1%将会导致东部地区的劳动生产效率降低0.1303%～0.2204%，中部地区劳动生产率降低 0.1359% ~ 0.2712%，西部地区劳动生产效率降低 0.1165% ~ 0.1360%。这些数据说明，原始发明创新相对于二次创新的不足对我国中部地区劳动生产效率产生的负面影响最为明显，其次是东部地区和西部地区。

第三，原始发明创新不足对我国技术生产效率的负面影响由东向西递增。根据上表中 Panel C ~ Panel D 中的回归结果（4）~（6）可以看出，原始发明创新不足对我国中、西部地区技术生产效率的负面影响均非常显著。发明专利申请量相对于二次创新专利申请量的比例每下降 1% 将导致中、西部地区技术生产效率分别降低 0.2707% ~ 0.3872% 和 0.4282% ~ 0.5192%。

此外，从上表中的回归结果 Panel A ~ Panel D 还可以看出，企业规模和外资利用程度差异对我国劳动生产效率和技术生产效率的影响具有如下特征。

一方面，企业规模扩张会对我国劳动生产效率和技术生产效率产生巨大的负面影响，且在东部地区尤为明显。根据回归结果 Panel A ~ Panel D，企业规模（SIZE）对全国及各个地区劳动生产效率和技术生产效率的回归系数均在 1%、5% 或 10% 的临界水平下显著为负，说明企业规模扩张不利于我国各地区劳动生产效率和技术生产效率的提升。回归系数大小差异进一步说明，企业规模扩张对东部地区劳动生产效率负面影响最大，西部次之，中部最小；企业规模扩张对技术生产效率的负面影响则呈明显的由东向西递减趋势。

另一方面，外资进入会显著抑制我国东部和西部地区技术生产效率的提升。从上表 Panel A ~ Panel C 的回归结果可以看出，外资进入整体上有利于我国东部和中部地区劳动生产效率的提升，但并不是很显著。Panel A ~ Panel D 中的回归结果（4）~（6）则显示，外资利用程度（FDI）对全国及东部与西部地区技术生产效率的回归结果均在 1% 或 5% 临界水平下显著为负，这充分说明外资进入不利于我国整体技术生产效率和东、西部地区技术生产效率的提升。

## 6.4 本章小结

改革开放 40 多年来，我国经济实力和综合国力明显提升，GDP 长期维持高速稳定增长。然而，这种高速增长能否持续、如何持续深受政府与学者高度关注。根据内生经济增长理论，科技、知识是推动经济稳定增长的持久动力和源泉，技术创新模式选择的扭曲势必造成生产效率的损失。

# 第六章
# 技术创新模式选择对地区生产效率影响分析

生产效率是指实际产出相对于潜在产出的一种度量。自 Farrel（1957）开创性地对劳动生产效率和技术生产效率进行研究以来，国内外学者对各国技术生产效率问题进行了深入研究，更对富有增长奇迹的中国经济增长中的技术生产效率问题进行了广泛讨论。在世界竞争新格局形势下，国外技术封锁越来越严重，出口商品竞争力不足、核心技术匮乏及我国企业自主创新动力不足等正阻碍着我国经济进一步的持续快速增长。在这样的宏观经济形势下，我国及时做出了创新驱动发展的战略调整，万众创新已然成为进一步确保我国下一阶段经济快速、稳定发展的重要手段。近些年来，随着人们对资源配置效率问题的高度重视，在我国"二元"所有制经济结构和资源配置政府主导型特征影响下，国内外诸多学者开始对我国所出现的资源错配和要素扭曲问题进行广泛探讨，且主要集中于资源错配与要素扭曲程度的度量及其所导致的效率损失两个方面。然迄今为止，对资源错配如何导致效率损失的机制及其影响路径尚缺乏深入的分析。

基于第五章中所得到的金融资源错配势必扭曲企业技术创新模式选择这一研究结论，本章进一步以 2011—2015 年我国工业企业省际数据为样本，从理论和实证角度分析了原始发明创新相对于二次创新动力不足对劳动生产效率和技术生产效率所产生的具体影响。在分析过程中，考虑到我国地区间自身所存在的生产效率、市场竞争程度及外资利用程度等诸多方面的差异，首先将 30 个样本省区市分为东、中、西部 3 个子样本，然后采用双样本异方差均值比较法对比东部与中部、中部与西部之间的差异化特征，再基于面板数据模型的 EGLS 方法对原始发明创新动力不足对劳动生产效率和技术生产效率的影响进行分析。

对各变量在不同样本组中的均值进行比较后发现：①我国劳动生产效率呈现明显的由东向西递减趋势；②虽然发明专利申请量比例亦呈现由东向西递减趋势，但各地区间的差异尚不明显；③市场竞争程度和外资利用程度均由东向西递减；④企业规模大小由东向西递增。进一步地，进行多变量回归检验分析发现：①原始发明创新能力的降低将阻碍我国劳动生产效率和技术生产效率的发展，且对技术生产效率的影响程度更大；②原始发明创新不足对我国中部地区劳动生产效率的负面影响最为明显，其次是东部地区和西部地区；③原始发明创新不足对我国技术生产效率的负面影响由东向西递增；④企业规模扩张会对我国劳动生产效率和技术生产效率产生巨大的负面影响，且在东部地区尤为明显；⑤外资进入会显著抑制我国东部和西部地区技术生产效率的提升。

# 第七章 结论与政策建议

## 7.1 研究结论

随着发达国家先进技术封锁程度的日益加剧及我国技术创新水平的逐渐提升,能否在新的国际、国内环境背景下实现我国技术创新水平的突破与生产效率的提升,不仅关乎我国能否顺利走出世界发展新格局下的"中等收入陷阱",而且也直接影响到我国经济高质量发展目标能否得以顺利实现。

无论是技术创新水平的提高,还是生产效率的提升,均离不开金融资源的优化配置。然而,在特定的经济发展路径与特殊的金融发展历史背景下,我国的金融资源错配程度较为严重。金融资源错配不仅容易导致资本市场价格信号的扭曲,而且还会引起金融系统本身所具有的资金融通、风险分散与收益评估功能的紊乱,阻碍创新主体技术创新活动的进行与技术创新能力的提升。更进一步地,根据新古典经济增长理论可知,技术创新是驱动经济长期稳定增长的最重要内生生产要素,技术创新活动的受阻或创新模式选择的扭曲不仅会造成生产效率的损失,而且还会进一步拉大我国与发达国家之间的收入差距。然而,因对金融资源错配问题的研究目前尚处于起步阶段,要想尽量降低金融资源错配对我国技术创新及生产效率的不利影响,不仅需要厘清金融资源错配的本质内涵、错配形态与严重程度,而且还需要对引起金融资源错配的深层次原因进行细致而深入的分析。在此基础上,尚需进一步深入分析不同形态与程度的金融资源错配将会对我国技术创新及其模式选择产生何种具体的差异化影响,以及因技术创新及其模式选择的扭曲给我国生产效率所带来的损失大小。

正是鉴于此逻辑,本研究在完成对这一问题现有国内外相关研究成果进行梳理与综述基础上,对金融资源错配的内涵进行界定,并对我国金融资源错配的具体形态及引起金融资源错配的根本原因进行了剖析。然后,基于对现有金

# 第七章
## 结论与政策建议

融资源错配程度测算模型与方法的回顾与总结,提出了更加可适时测算银行信贷与证券市场资源错配程度的新模型,据此对近些年来我国银行信贷与证券市场资源错配的具体程度大小进行测算,对其在时间与空间上的动态演化特征进行收敛性分析。并且,在完成金融资源错配扭曲技术创新模式选择的理论分析与实证检验后,本研究进一步分析了技术创新模式选择扭曲对我国劳动生产效率与技术生产效率的具体影响,据此提出相应的对策建议及未来尚需进一步深入研究的具体方向与问题。在研究过程中,得到如下若干重要结论。

(1)在金融资源错配形态方面

鉴于已有学者对我国银行信贷资源错配进行了较为深入的研究,且保险业在我国金融市场中的份额仍相对较小,在对我国证券市场资源错配进行分析时发现:①民营企业定向增发价格错配程度更严重;②国有企业定向增发融资规模普遍高于民营企业;③实施定向增发的民营企业盈利能力明显更高;④相对于国有企业而言,进行定向增发的民营企业外部融资需求更强烈;⑤相对于国有企业而言,进行定向增发的民营企业资产负债率明显更低。进一步进行多变量影响因素分析后发现:①定向增发融资价格与融资规模均对企业盈利能力不敏感;②上市企业外部融资需求越强烈时,其定向增发价格越低,且在国有与民营企业间不存在显著差异;③企业外部融资需求越强烈时,其定向增发融资规模越小,但国有企业定向增发融资规模相对更大。

(2)在金融资源错配程度测算方面

虽然已有学者对我国银行信贷资源错配程度进行了测算,然迄今为止,无论是在测算方法上还是在测算结果上,均尚未取得一致性结论。在对我国金融资源错配程度测算方面,本研究不仅基于信息论中的熵概念提出了新的银行信贷资源错配程度测算方法并对我国银行信贷资源错配程度进行了重新测算,而且还首次提出证券市场股权融资错配程度测算方法,并以我国2011—2015年省际面板数据为样本进行首次测算并得到若干重要结论。

在银行信贷资源错配程度测算方面,对2011—2015年我国各地区银行信贷资源错配程度进行测算的结果显示:①在银行信贷资源错配程度平均水平方面,错配程度较低的前10个省区市分别为甘肃、新疆、上海、宁夏、山西、陕西、北京、海南、吉林和天津,其中甘肃的错配程度在2011—2015年处于全国最低,错配指数均值为0.0121;错配程度属于中等水平的10个省区市分别为贵

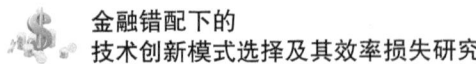

州、青海、湖北、黑龙江、云南、江西、广西、重庆、西藏和浙江；错配程度较高的省区市包括广东、辽宁、山东、湖南、内蒙古、河南、江苏、安徽、河北、四川和福建，其中福建2011—2015年的银行信贷资源错配程度平均水平居全国之首，错配指数均值为0.5732。②在银行信贷资源错配程度变化趋势方面，2011—2015年的银行信贷资源错配指数平均增长率显著为负或者说银行信贷资源错配程度明显得到改善的有吉林、山西、上海、江西、海南、天津、甘肃、宁夏、广东、河北、贵州、河南、辽宁、重庆、北京和湖南这16个省区市。在这些省区市中，尤以吉林的银行信贷资源错配程度改善速度最为明显，2011—2015年，吉林银行信贷资源错配指数平均以–21.22%在递减，也就是银行信贷资源配置效率以21.22%的平均速度在不断优化。在此期间，余下15个省区市的银行信贷资源错配指数均出现不同程度的上升，说明银行信贷资源错配程度在进一步加深，其中尤以青海最为严重。③在银行信贷资源错配程度波动性方面，2011—2015年我国银行信贷资源错配程度最不稳定的10个省区市分别为西藏、福建、四川、河北、广东、青海、江西、吉林、云南和海南，其中西藏的波动程度最为明显，该地区2011—2015年银行信贷资源错配指数变化的标准差为0.1590。波动程度处于中等水平的省区市包括宁夏、黑龙江、山西、天津、重庆、安徽、广西、湖南、浙江和辽宁。而余下的11个省区市2011—2015年的银行信贷资源错配程度相对稳定，其中尤以甘肃最为明显，2011—2015年甘肃的银行信贷资源错配指数波动标准差仅为0.0037。

在证券市场资源错配程度测算方面，以我国A股市场2011—2015年上市企业年度数据为样本，在经过相关程序处理后，首先基于Durney等（2005）所提出的企业外部融资需求概念测算了各年度上市企业外部融资需求状况，然后再计算了各地区企业外部融资需求与其包含股权和债务融资在内的外部融资规模之间的相关系数。经研究发现：①在证券市场资源错配程度平均水平方面，西藏、青海、安徽、云南、重庆和贵州6个省区市2011—2015年的上市企业股权融资与其外部融资需求的相关系数均值均为负，说明这些地区的上市企业股权融资规模与其外部融资需求程度不仅不是正相关，而且还呈现负相关关系，由此可见这些地区的证券市场资源错配程度较为严重。即便考虑到年度波动性所带来的剧烈影响，这些地区的相关系数中位数也基本上为负，进一步确认了这些地区的证券市场股权融资在这些年来所存在的错配现象。根据中位数的统计

# 第七章
## 结论与政策建议

结果还可以看出,除上述省区市外,江西、湖北、上海和天津的上市企业股权融资也与其外部融资需求存在明显的负相关关系,只是因为这些地区的相关系数波动性较大,所以其均值水平才为正。由此可见,整体而言,江西、湖北、上海和天津的证券市场也存在较为严重的资源错配现象。②在证券市场资源错配程度波动性方面,2011—2015 年我国证券市场股权融资与上市企业外部融资需求的相关系数波动最为明显的地区有青海、黑龙江、河南、宁夏、西藏、江西、重庆、陕西、辽宁和山西,波动程度较小的地区或相关系数较为稳定的 10 个省区市分别为山东、贵州、内蒙古、安徽、江苏、福建、北京、浙江、广东和广西。③在证券市场资源配置效率优化方面,2011—2015 年的证券市场资源配置效率得到明显改善的有宁夏、广东、四川、内蒙古、山西、河北、重庆、安徽、上海、辽宁、浙江和海南这 12 个省区市。这些地区在 2011—2015 年的证券市场资源配置效率均得到不同程度的改善,其中尤以宁夏最为明显。除上述 12 个省区市外,余下 19 个省区市 2011—2015 年的证券市场资源配置效率均出现不同程度的下降,其中尤以江苏最为突出。江苏 2011 年的证券市场股权融资与上市企业外部融资需求之间的相关系数为 0.0002,2015 年下降至 -0.0048,平均下降速度 625.0000%。

(3)在金融资源错配扭曲技术创新模式选择方面

基于对各地区银行信贷和证券市场资源错配程度测算结果,本研究对金融资源错配如何扭曲技术创新模式选择进行了理论分析与实证检验。通过对各地区的样本均值进行比较后发现,在银行信贷资源错配方面:①银行信贷资源错配程度越低,地区发明专利申请量占比越高;②银行信贷资源错配程度越高的地区的国有经济份额越低;③银行信贷资源错配程度中地区的基础设施和创新投入均最低。在证券市场资源错配方面:①证券市场资源错配程度低地区的发明专利申请量占比显著更高;②地区国有经济份额随证券市场资源错配程度高低呈 U 形分布;③相对于证券市场资源错配程度中地区而言,错配程度低地区的外资集中度更低;④相对于证券市场资源错配程度中地区而言,错配程度高地区的研发经费投入和研发人力投入更低。

当基于多变量面板数据模型针对银行信贷和证券市场资源错配对地区技术创新模式选择影响进行回归检验后发现,在银行信贷资源错配方面:①银行信贷资源错配严重阻碍地区原始发明创新;②国有经济份额越重越不利于原始发明创新能力的提升,且会进一步加剧银行信贷资源错配对发明创新的扭曲作用;③外资进入不能提升地区原始发明创新能力,但良好的创新环境是提升发明创新的重要影响因素;④研发经费投入的增加有利于提升地区原始发明创新能力,但研发人员投入的增加效果更明显。在证券市场资源错配方面:①虽然证券市场资源错配不利于我国原始发明创新能力的提升,但目前尚不显著;②当证券市场出现资源错配时,提升创新环境和外资集中度水平将有利于地区原始发明创新能力的提升;③在证券市场资源错配约束下,国有经济份额及研发经费投入强度仍是影响地区发明创新的重要因素,增加研发经费投入和降低国有经济份额均有利于地区原始发明创新能力的提升。

(4)在技术创新模式选择影响生产效率方面

在理论分析基础上,本研究进一步对技术创新模式选择如何影响我国劳动生产效率和技术生产效率进行了实证检验。经研究发现:①我国企业劳动生产效率呈现明显的由东向西递减趋势;②虽然发明专利申请量比例亦呈现由东向西递减趋势,但各地区之间的差异尚不明显;③市场竞争程度和外资利用程度均由东向西递减;④企业规模大小由东向西递增;⑤原始发明创新能力的降低将阻碍我国劳动生产效率和技术生产效率的发展,且对技术生产效率的影响程度更大;⑥原始发明创新不足对我国中部地区劳动生产效率的负面影响最为明显,其次是东部地区和西部地区;⑦原始发明创新不足对我国技术生产效率的负面影响由东向西递增。此外,研究结果还显示:企业规模的扩张会对我国劳动生产效率和技术生产效率产生巨大的负面影响,且在东部地区尤为明显;外资进入会显著抑制我国东部和西部地区技术生产效率的提升。

## 7.2 政策建议

为了进一步提升我国金融资源配置效率水平,充分发挥金融发展对技术创新的促进作用,以期有效降低金融资源错配对金融市场价格信号和企业技术创新模式选择的扭曲程度、提升我国原始发明创新能力,进而增强我国生产技术核心竞争力,从而逐步摆脱"中等收入陷阱"困境,基于所得到的研究成果,现从如何降低金融资源错配程度、如何提升我国原始发明创新能力及如何提升企业生产效率3个方面提出若干政策建议以供相关政策制定部门参考。

# 第七章
## 结论与政策建议

（1）如何降低金融资源错配程度

对于如何降低我国银行信贷资源错配程度问题，诸多学者已经从降低政府干预程度、大力发展中小银行、加快金融市场利率市场化改革等角度提出了很多有益的政策建议并取得显著成效。这里仅从如何降低证券市场资源错配程度角度进一步提出相关政策建议，以确保证券市场优化金融资源配置、支撑我国技术创新功能的有效发挥。根据本研究所得结论，现提出如下政策建议。

①完善定向增发效率敏感机制，充分发挥市场在金融资源配置中的主导性作用。根据所得研究结论，我国上市企业定向增发无论是在价格上还是在融资规模上均存在较为严重的错配现象，定向增发不仅未能按照效率高低在企业间进行配置，而且完全与市场机制背道而驰。这种有悖于效率均等原则的定向增发使得金融市场难以对有限而稀缺的金融资源进行合理而有效的配置，最终弱化金融市场实现和优化资源配置功能的发挥。为了充分发挥金融市场在资源配置中的基础性作用，应尽快完善定向增发效率敏感机制，提高金融市场资源配置效率。

②降低股权融资政府干预，弱化金融市场价格管制，强调市场价格机制在定向增发资源配置中的基础性作用。金融市场实现和优化资源配置功能的发挥在很大程度上依赖于有效价格信号机制功能的发挥，金融资源错配正是因为扭曲资本价格信号而导致企业和投资者做出错误的选择。研究结果表明，不仅我国上市企业定向增发融资价格对企业盈利能力不敏感，而且当上市企业外部融资需求越强烈时，其定向增发价格反而越低，这充分说明我国证券市场价格信号明显失真。为了充分保证市场价格信号机制在优化我国证券市场资源配置中基础性作用的发挥，我国应进一步深化金融市场改革，突出市场价格机制在优化金融资源配置中的基础性作用，以期充分发挥市场经济优胜劣汰机制在上市企业定向增发资源配置优化中的基础性作用。否则，在现有价格机制体制下，我国股权融资市场"劣币驱逐良币"现象将极易发生，金融市场资源配置优化功能也将丧失。

③大力推行注册制审批改革，完善股票市场退市制度建设。一方面，虽然李克强总理曾多次提出股票发行实现注册制改革，但我国目前的上市审批仍以核准制为主。在我国"二元"所有制经济结构特征影响下，这必然使得相对于民营企业而言，国有企业股权融资机会更多、融资规模更大。另一方面，我

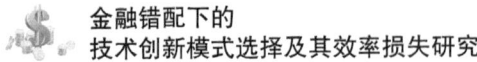

国尚未建立完善的退市制度,加上我国资本市场投资工具甚少,使得企业生产效率高低并不能成为真正左右其股权融资多寡的决定性因素,这就导致了一些效率低下的国有企业仍能通过股票市场获得大额的股权融资。积极推行企业上市审批注册制、完善股票市场退市制度将不仅有助于推动企业以效率优先为导向,更能充分发挥市场价格信号在股权融资中的基础性作用,进而有利于降低我国股权融资错配程度并提升股票市场资源配置效率。

(2)如何提升我国原始发明创新能力

在优化金融资源配置以提升我国原始发明创新能力方面,结合我国银行信贷和证券市场资源错配这两种不同金融资源错配形态对我国原始发明创新能力提升的差异化影响,现提出如下政策建议。

①进一步提升银行信贷资源配置效率水平,尽量降低银行信贷资源错配对我国原始发明创新能力的不利影响。根据金融资源错配对技术创新模式选择影响的研究结果可知,银行信贷资源错配已经明显严重地阻碍我国原始发明创新能力的提升,证券市场资源错配虽不利于我国原始发明创新能力的提升,但其影响目前尚不显著。考虑到银行信贷在目前甚至未来的很长一段时间仍然会是我国金融资源配置的主要渠道,且证券市场制度体系亦不健全,为了尽快提升我国原始发明创新能力,当前应把优化银行信贷资源配置、最大程度提升银行信贷资源配置效率放在工作的首位,以期尽量降低银行信贷资源错配对我国原始发明创新效率的不利影响,促进我国原始发明创新能力的快速提升。

②明确民营经济在提升我国原始发明创新能力方面的重要地位,进一步降低民营经济进入的行业门槛以扩大民营经济份额对促进我国科技创新的积极作用。从研究结果可以明显看出,国有经济份额越高越不利于地区原始发明创新能力的提升,且还会进一步加重银行信贷和证券市场资源错配对原始发明创新的负面影响。众所周知,虽然自20世纪90年代起,我国便开启了国有企业改革的步伐,但国有企业所存在的政企不分、结构臃肿、效率低下的弊端迄今仍非常普遍。鉴于国有企业所固有的政府背景优势,即使是效率低下的国有企业也能获得大量的资金支持。正如Allen等(2005)、Dollar等(2007)、Song等(2010)所发现,我国国有企业和民营企业在生产效率和融资能力方面的差异已经达到令人震惊的地步。由于金融资源是稀缺的核心生产要素之一,有限的金融资源被效率低下的国有企业所攫取,势必造成效率更高的民营企业的资金短缺。更

# 第七章
## 结论与政策建议

为重要的是,由于技术创新是一项充满不确定性、风险性和长期性的特殊生产活动,在我国国有企业领导政府任命制下,技术创新的不确定性和风险性会加大企业进行科研发明的成本而不利于企业经营者的短期绩效考核,技术创新的长期性还会进一步使得我国国有企业经营者政府任命的短期制与创新收益的长期性相悖。在任期内个人利益最大化驱使下,国有企业经营者行为将会表现出明显的短期化特征,自然不利于技术创新能力的提升。相比较而言,民营企业则不同。在效率最大化目标驱使下,民营企业所有者拥有对技术创新活动的剩余索取权和剩余控制权,使得其更有动力进行科技创新活动。虽然自改革开放以来,民营经济在我国逐渐取得了合法地位,但政府在很多行业均设置了较高的民营经济准入门槛,严重阻碍民营经济在促进我国技术进步方面所能发挥的积极作用。随着市场经济体制改革的不断深入,同时为了顺应创新驱动发展战略目标实现的需要,我国政府应充分认识到民营经济在提升我国原始发明创新能力方面的重要地位并进一步降低民营经济的行业准入门槛,以便积极扩大民营经济份额对我国科技创新的积极促进作用。

③进一步优化创新环境建设,在增加研发经费投入的同时,建立健全长效激励机制以引导更多的研发人员投入。在对银行信贷和证券市场资源错配影响我国技术创新模式选择的研究结果中发现,优化创新环境、增加研发经费和研发人员投入均能显著提升我国原始发明创新能力,且相对于研发经费投入,增加研发人员投入对提升我国原始发明创新能力的积极作用更明显。毋庸置疑,优越的创新环境是提升技术创新效率的前提,而充足的研发经费和研发人员投入是提升技术创新效率的重要保障。在创新驱动发展战略目标下,虽然近些年来各地纷纷加大了研发经费投入,但仍然缺乏有效的激励机制以积极激发研发人员投入程度,研发人员"出工不出力"的现象普遍存在。为了尽快提升我国技术创新能力和原始发明创新效率,我国应进一步优化创新环境建设,在增加研发经费投入的同时,建立健全长效激励机制以引导更多的研发人员投入。

(3)如何提升企业生产效率

技术创新是提升生产效率的重要手段,而技术创新模式的不同会对生产效率产生显著差异性的影响。面对世界发达国家核心技术封锁程度的日益加深及我国出口产品竞争力不足、企业生产效率低下之现状,基于本研究所得研究结果,现就如何优化技术创新模式以有效提升我国企业生产效率提出如下政策建议。

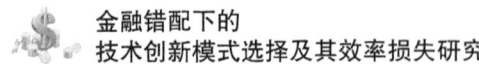

①努力提升原始发明创新能力以充分发挥原始发明创新对各地区生产效率的积极影响。虽然根据创新能力层次差异来分可以将创新分为原始发明创新和包括实用新型和外观设计在内的二次创新,且无论是原始发明创新还是二次创新均能对生产效率提升产生促进作用,但本研究的结果表明:相对于二次创新而言,原始发明创新占二次创新的比例每增加1%可使得我国企业劳动生产效率上升0.1235%~0.2105%,同时可使技术生产效率上升0.2845%~0.3979%。由此可见,努力提升我国原始发明创新能力将有力促进我国企业劳动生产效率和技术生产效率的提升。

②认真贯彻落实"双创"政策,积极扶持中小企业发展以促进我国技术创新能力的提升。虽然在经济发展过程中存在着规模经济效应,但规模大小究竟如何影响企业的技术创新活动备受学者关注。在对这一问题的研究过程中,高良谋等(2008,2009)的研究结果表明,大企业的组织惯性会诱使其锁定现有技术轨道并倾向于实现定向性技术创新活动,而激烈的市场竞争则会引导中小企业不断进行非定向性创新活动[①②]。戴西超等(2006)也指出,我国中小企业技术创新水平远高于规模以上企业水平[③]。根据本研究的研究结果可知,企业规模大小不仅是影响我国原始发明创新的重要因素,且企业规模越大越不利于原始发明创新能力的提升。为了有效提升我国原始发明创新能力,在"大众创新、万众创业"新形势下,我国应进一步积极贯彻落实"双创"政策并极力扶持中小企业的快速发展。

③提高外资进入技术门槛,努力消除外资进入对我国各地区技术生产效率的不利影响。毋庸置疑,自改革开放以来,外资进入对拉动我国宏观经济增长做出了巨大的贡献。普遍认为,外资进入所携带的先进生产技术和管理经验具有较强的技术外溢效应,在以市场换技术理念支撑下,外资进入曾一度带来我国经济的腾飞和劳动生产效率的提升。但进一步研究发现,随着世界核心技术

---

① 高良谋,李宇. 技术创新与企业规模关系的形成与转化 [J]. 中国软科学, 2008 (12): 96-104.

② 高良谋,李宇. 企业规模与技术创新倒U关系的形成机制与动态拓展 [J]. 管理世界, 2009 (8): 113-123.

③ 戴西超,谢守祥,丁玉梅. 企业规模、所有制与技术创新:来自江苏省工业企业的调查与实证 [J]. 软科学, 2006 (6): 114-116, 121.

竞争态势和技术封锁程度的加剧,我国并未从外资利用过程中获得国外的核心生产技术,于是引发了20世纪末开始的商务部与科技部之争并由此制定了创新驱动发展的战略发展规划和"三步走"的战略目标。本研究也充分表明,虽然外资进入确实有利于我国劳动生产效率的提升,但其对技术生产效率的负面影响非常显著,且相对于东、中部地区而言,外资进入对西部地区技术生产效率的阻碍作用最为明显。为了尽快破除我国核心技术匮乏之局面,各地区在引进外资的同时,应不断提高外资进入的技术门槛以消除外资进入对我国各地区技术生产效率的不利影响。

## 7.3 未来研究展望

基于金融资源错配势必扭曲企业技术创新模式选择进而造成生产效率损失这一理念,本研究以我国金融资源错配形态分析和程度测算为出发点,在深入分析银行信贷和证券市场资源错配这两种不同金融资源错配形态对我国技术创新模式选择影响基础上,进一步测算了因技术创新模式选择扭曲对我国东、中、西部地区劳动生产效率和技术生产效率造成损失大小。虽然对这些相关问题的研究取得了若干重要结论,并开创性地提出了测算证券市场资源错配程度大小的新方法,但囿于笔者有限的能力和精力,尚有诸多问题有待进一步深入探索。具体包括如下几个方面。

(1) 证券市场资源错配问题有待进一步深入

本研究仅对我国证券市场股权融资的错配形态和错配程度进行了分析。众所周知,随着我国资本市场工具的不断完善,通过发行企业债券进行融资也将逐渐成为我国企业融资的重要渠道。在证券市场资源错配方面,是否和我国上市企业股权融资一样,企业债券市场也存在资源错配现象? 如果存在,错配程度又将如何? 对这些问题的研究将有助于弥补我国证券市场资源配置效率领域现有研究的不足。

(2) 效率与发展的耦合关系有待进一步探索

众所周知,自改革开放以来,我国经济持续保持了快速稳定的发展,因此引发了诸多国外学者对我国经济发展模式的极大兴趣和深入探讨。在过去的几十年的发展历程中,我国的宏观经济规模急剧膨胀而一跃成为世界第二大经济强国。但不可忽视的是,虽然在"发展是硬道理"理论指导下,得益于我国的人口红利、结构红利和改革红利而实现了经济的快速增长,但我国劳动生产效率仍然处于较低水平。本研究也表明,经济发展水平的高低与金融资源配置效率之间并非存在必然的正相关关系。有些地区金融资源配置效率很高,但其经济发展水平很低;而有些地方经济发展水平很高,但其金融资源配置效率很低。这一现象充分说明,金融资源配置效率的提高并非必然是经济快速发展的前提。那么,配置效率和经济发展之间究竟是何种耦合关系呢?是效率促进了发展还是发展促进了效率呢?对这些问题的研究不仅有助于揭开我国经济持续高速发展之谜,更有助于对效率与发展这一经济学中的根本性问题做出诠释。

(3)金融资源错配约束下的技术创新模式选择路径优化问题有待进一步深究

金融资源配置的合理优化并非一朝一夕就能完成,这意味着在未来很长一段时间内,我国的金融资源配置效率仍旧得不到改善并将处于较低水平。面对严重的金融资源错配局面,能否采取行之有效的其他措施来进一步激发我国企业从事原始发明创新活动以确保创新驱动发展战略"三步走"目标的顺利实现呢?对金融资源错配约束下的技术创新模式选择路径优化问题的研究不仅有利于我国创新驱动发展战略目标的顺利实施,更有利于我国整体劳动生产效率和技术生产效率的提升,因而具有重要的理论意义和现实意义。

# 参考文献

[1] AGHION P, ANGELETOS G M, BANERJEE A, et al. Volatility and growth: credit constraint and the composition of investment [J]. Journal of monetary economics, 2010, 57(3): 246-265.

[2] AGHION P, HARRIS C, HOWITT P, et al. Competition, imitation and growth with step-by-step innovation [J]. The review of economic studies, 2001, 68(3): 467-492.

[3] ALLEN F, QIAN J, QIAN M. Law, finance and economic growth in China [J]. Journal of financial economics, 2004, 77(1): 57-116.

[4] AMIR R, EVSTIGNEEV I, WOODERS J. Noncooperative versus cooperative R&D with endogenous spillover rates [J]. Games and economic behavior, 2003, 42(2): 183-207.

[5] AOKI S. A simple accounting framework for the effect of resource misallocation on aggregate productivity [J]. Journal of the Japanese and international economies, 2012, 26(4): 473-494.

[6] AUDRETSCH D, KEILBACH M. Entrepreneurship capital and economic performance [J]. Regional studies, 2004, 38(8): 949-959.

[7] BARTELSMAN E, HALTIWANGER J, SCARPETTA S. Cross-country differences in productivity: the role of allocation and selection [J]. American economic review, 2013, 103(1): 305-334.

[8] BELDERBOS R, CARREE M, LOKSHIN B. Cooperative R&D and firm performance [J]. Research policy, 2004, 33(10): 1477-1492.

[9] BRANDT L, TOMBE T, ZHU X. Factor market distortions across time, space and sectors in China [J]. Review of economic dynamics, 2013, 16(1): 39-58.

[10] CHEN K H, GUAN J C. Measuring the efficiency of China's regional innovation systems: application of network data envelopment analysis (DEA) [J]. Regional studies, 2012, 46(3): 355-377.

[11] CRÉPON B, DUGUET E, MAIRESSE J. Research, innovation and productivity: an

econometric analysis at the firm level [J]. Economics of innovation and new technology, 1998, 7 (2): 115-158.

[12] CULL R, XU L C. Who gets credit? the behavior of bureaucrats and state banks in allocating credit to Chinese state-owned enterprises [J]. Journal of development economics, 2003, 71 (2): 533-559.

[13] DAS T K, TENG B S. A resource-based theory of strategic alliance [J]. Journal of management, 2000, 26 (1): 31-60.

[14] FAEMS D, VAN LOOY B, DEBACKERE K. Inter-organizational collaboration and innovation: toward a portfolio approach [J]. Journal of product innovation management, 2005, 22 (3): 238-250.

[15] FAN S. Effects of technological change and institutional reform on production growth in Chinese agriculture [J]. American journal of agricultural economics, 1991, 73 (2): 266-275.

[16] FREEMAN C. The economics of industrial innovation [M]. Cambridge: The MIT Press, 1982.

[17] GORODNICHENKO Y, SCHNITZER M. Financial constraints and innovation: why poor countries don't catch up [R]. Cambridge: NBER, 2010.

[18] GRIFFITH R, HUERGO E, MAIRESSE J, et al. Innovation and productivity across four European countries [J]. Oxford review of economic policy, 2006, 22 (4): 483-498.

[19] HOPPE H C, LEHMANN-GRUBE U. Innovation timing games: a general framework with applications [J]. Journal of economic theory, 2004, 121 (1): 30-50.

[20] HSIEH C T, KLENOW P J. Misallocation and manufacturing TFP in China and India [J]. The quarterly journal of economics, 2009, 124 (4): 1403-1448.

[21] HUANG Y S. Selling China: foreign direct investment during the reform era [M]. Cambridge: Cambridge University Press, 2003.

[22] ILYINAL A, SAMANIEGO R. Technology and financial development [J]. Journal of money, credit and banking, 2011, 43 (5): 899-921.

[23] KING R G, LEVINE R. Finance, entrepreneurship and growth: theory and evidence [J]. Journal of monetary economics, 1993, 32 (3): 513-542.

[24] LI D M. Financial constraints, R&D investment, and stock returns: theory and evidence [J]. Review of financial studies, 2011, 24 (9): 2974-3007.

[25] LÖÖF H, HESHMATI A. Knowledge capital and performance heterogeneity: a firm-level

innovation study [J]. International journal of production economics, 2002, 76（1）: 61-85.

[26] LÖÖF H. Multinational enterprises and innovation: firm level evidence on spillover via R&D collaboration [J]. Journal of evolutionary economics, 2009, 19（1）: 41-71.

[27] MAYNARD S J. The theory of games and the evolution of animal conflict [J]. Journal of theoretical biology, 1974, 47（1）: 209-212.

[28] MIDRIGAN V, XU D Y. Finance and misallocation: evidence from plant-level data [J]. American economic review, 2014, 104（2）: 422-458.

[29] PORTA R L, LOPEZ F, SHLEIFER A. Government ownership of banks [J]. The journal of finance, 2002, 57（1）: 265-301.

[30] SHANKAR V, CARPENTER G S, KRISHNAMURTHI L. Late mover advantage: how innovative late entrants outsell pioneers [J]. Journal of marketing research, 1998, 35（1）: 54-70.

[31] WU J, ZHOU Z X, LIANG L. Measuring the performance of Chinese regional innovation systems with two-stage DEA-based model [J]. International journal of sustainable Society, 2010, 2（1）: 85-99.

[32] MUKOYAMA T. Innovation, imitation and growth with cumulative technology [J]. Journal of monetary economics, 2003, 50（2）: 361-380.

[33] WURGLER J. Financial market and the allocation of capital [J]. Journal of financial economics, 2000, 58（1）: 187-214.

[34] ZHENG S, STORESLETTEN K, ZILIBOTTI F. Growing like China [J]. American economic review, 2011, 101（1）: 196-233.

[35] ZHOU K Z. Innovation, imitation and new product performance: the case of China [J]. Industrial marketing management, 2006, 35（3）: 394-402.

[36] 白俊红，卞元超. 要素市场扭曲与中国创新生产的效率损失 [J]. 中国工业经济, 2016（11）: 39-55.

[37] 白钦先，谭庆华. 论金融功能演化与金融发展 [J]. 金融研究, 2006（7）: 41-52.

[38] 柏培文. 中国劳动要素配置扭曲程度的测量 [J]. 中国工业经济, 2012（10）: 19-31.

[39] 蔡翔、谌婷. 中小企业自主创新与模仿创新博弈分析 [J]. 科技进步与对策, 2013, 30（4）: 91-95.

[40] 陈华. 增强企业自主创新能力的路径探索 [J]. 经济学动态, 2006（7）: 45-47.

[41] 陈永伟,胡伟民.价格扭曲、要素错配和效率损失:理论与应用[J].经济学(季刊),2011,10(4):1401-1422.

[42] 成力为,温源,张东辉.金融错配、结构性研发投资短缺与企业绩效:基于工业企业大样本面板数据分析[J].大连理工大学学报(社会科学版),2015,36(2):26-33.

[43] 戴静,张建华.金融错配、所有制结构与技术进步:来自中国工业部门的证据[J].中国科技论坛,2013(3):70-76.

[44] 戴魁早,刘友金.要素市场扭曲与创新效率:对中国高新技术产业发展的经验分析[J].经济研究,2016,51(7):72-86.

[45] 戴园园,梅强.我国高新技术企业技术创新模式选择研究:基于演化博弈的视角[J].科研管理,2013,34(1):2-10.

[46] 董晓庆,赵坚,袁朋伟.国有企业创新效率损失研究[J].中国工业经济,2014(2):97-108.

[47] 范红忠.有效需求规模假说、研发投入与国家自主创新能力[J].经济研究,2007(3):33-44.

[48] 冯雁秋.后发优势悖论与中国的技术战略选择[J].世界经济,2000(7):44-49.

[49] 盖庆恩,朱喜,史清华.劳动力市场扭曲、结构转变和中国劳动生产率[J].经济研究,2013,48(5):87-97.

[50] 高帆.什么粘住了中国企业自主创新能力提升的翅膀[J].当代经济科学,2008(2):1-10.

[51] 高广阔,高书潜.企业自主创新与模型行为的进行博弈及政策分析[J].科技与经济,2012(4):31-34.

[52] 葛鹏,干春晖,李思龙.融资约束与产出效率损失:基于中国工业企业的数据分析[J].产业经济研究,2017(1):37-48.

[53] 龚传洲.科技创新的风险收益分析[J].科技进步与对策,2012,29(3):10-13.

[54] 洪银兴.自主创新投入的动力和协调机制研究[J].中国工业经济,2010(8):15-22.

[55] 江伟,李斌.制度环境、国有产权与银行差别贷款[J].金融研究,2006(11):116-126.

[56] 靳来群.所有制歧视所致金融资源错配程度分析[J].经济学动态,2015(6):36-44.

[57] 靳来群.所有制歧视下金融资源错配的两条途径[J].经济与管理研究,2015,36(7):36-43.

[58] 鞠市委.我国金融资源错配及其影响研究[J].技术经济与管理研究,2016(7):80-87.

［59］康志勇.金融错配阻碍了中国本土企业创新吗？［J］.研究与发展管理，2014，26（5）：63-72.

［60］黎杰生，胡颖.金融集聚对技术创新的影响：来自中国省级层面的证据［J］.金融论坛，2017，22（7）：39-52.

［61］李林汉，胡尹燕.金融发展效率对技术创新的门限特征［J］.工业技术经济，2017，36（2）：73-79.

［62］李苗苗，肖洪钧，赵爽.金融发展、技术创新与经济增长的关系研究：基于中国的省市面板数据［J］.中国管理科学，2015，23（2）：162-169.

［63］李青原，李江冰，江春，等.金融发展与地区实体经济资本配置效率：来自省级工业行业数据的证据［J］.经济学（季刊），2013，12（2）：527-548.

［64］李士梅，潘宇瑶，吴迪.企业自主创新的博弈分析［J］.东北师大学报（哲学社会科学版），2015（6）：87-92.

［65］刘斌斌，黄吉焱.金融结构对地区信贷资金配置效率的影响：基于企业规模差异的视角［J］.金融经济学研究，2017，32（5）：66-74.

［66］刘和东，石岿然.自主创新与模仿的博弈分析［J］.科学学与科学技术管理，2007（4）：68-70.

［67］刘任重，郭雪，徐飞.金融错配、区域差异与技术进步：基于我国省级面板数据［J］.山东财经大学学报，2016，28（6）：1-8.

［68］卢峰，姚洋.金融压抑下的法治、金融发展和经济增长［J］.中国社会科学，2004（1）：42-55.

［69］鲁晓东.金融资源错配阻碍了中国的经济增长吗？［J］.金融研究，2008（4）：55-68.

［70］毛蕴诗，汪建成.基于产品升级的自主创新路径研究［J］.管理世界，2006（5）：114-120.

［71］倪铮，张春.银行监督、企业社会性成本与贷款融资体系［J］.数量经济技术经济研究，2007（11）：66-76.

［72］彭红枫，张韦华，张晓.银行关系、政治关联与信贷资源配置效率：基于我国上市公司的实证分析［J］.当代经济科学，2014，36（5）：52-60，126.

［73］彭纪生，刘春林.自主创新与模仿创新的博弈分析［J］.科学管理研究，2003（6）：18-22.

［74］齐兰，王业斌.国有银行垄断的影响效应分析：基于工业技术创新视角［J］.中国工业

经济, 2013 (7): 69-80.

[75] 钱先航, 曹廷求, 李维安. 晋升压力、官员任期与城市商业银行的信贷行为 [J]. 经济研究, 2011 (12): 72-85.

[76] 邵挺. 金融错配、所有制结构与资本回报率: 来自1999—2007年我国工业企业的研究 [J]. 金融研究, 2010 (9): 51-68.

[77] 邵宜航, 步晓宁, 张天华. 资源配置扭曲与中国工业全要素生产率: 基于工业企业数据库再测算 [J]. 中国工业经济, 2013 (12): 39-51.

[78] 孙伍琴, 王培. 中国金融发展促进技术创新研究 [J]. 管理世界, 2013 (6): 172-173.

[79] 孙伍琴, 朱顺林. 金融发展促进技术创新的效率研究: 基于Malmquist指数的分析 [J]. 统计研究, 2008 (3): 46-50.

[80] 孙晓华, 李明珊. 国有企业的过度投资及其效率损失 [J]. 中国工业经济, 2016 (10): 109-125.

[81] 孙铮, 刘凤委, 李增权. 市场化程度、政府干预与企业债务期限结构: 来自我国上市公司的经验证据 [J]. 经济研究, 2005 (5): 52-63.

[82] 汤吉军. 沉淀成本效应与国有企业自主创新动力不足分析 [J]. 经济体制改革, 2012 (5): 103-105.

[83] 汤颖梅, 魏文娟. 金融发展、企业控股权性质与商业银行长期信贷资金分配 [J]. 金融论坛, 2011, 16 (11): 38-44.

[84] 万君康. 论技术引进与自主创新的关联与差异 [J]. 武汉理工大学学报 (信息与管理工程版), 2000 (4): 43-46.

[85] 汪伟, 潘孝挺. 金融要素扭曲与企业创新活动 [J]. 统计研究, 2015, 32 (5): 26-31.

[86] 王珏, 骆力前, 郭琦. 地方政府干预是否损害信贷配置效率? [J]. 金融研究, 2015 (4): 99-114.

[87] 王昱, 成力为, 王昊. 金融低效、资本错配与异质企业两阶段创新 [J]. 山西财经大学学报, 2014, 36 (10): 46-57.

[88] 王贞洁. 信贷歧视、债务融资成本与技术创新投资规模 [J]. 科研管理, 2016, 37 (10): 9-17.

[89] 吴延兵. 国有企业双重效率损失研究 [J]. 经济研究, 2012, 47 (3): 15-27.

[90] 吴延兵. 自主研发、技术引进与生产率: 基于中国地区工业的实证研究 [J]. 经济研究, 2008 (8): 51-64.

[91] 吴延兵,米增渝.创新、模仿与企业效率:来自制造业非国有企业的经验证据[J].中国社会科学,2011(4):77-94,222.

[92] 徐浩,温军,冯涛.制度环境、金融发展与技术创新[J].山西财经大学学报,2016,38(6):41-52.

[93] 严武,李佳,刘斌斌.定向增发、控股权性质与产业升级效应分析[J].当代财经,2014(5):45-58.

[94] 杨德林,陈春宝.模仿创新、自主创新与高技术企业成长[J].中国软科学,1997(8):107-112.

[95] 杨震宇.资源错配与研发型企业生产效率损失[J].研究与发展管理,2015,27(5):99-109.

[96] 姚洋,章奇.中国工业企业技术效率分析[J].经济研究,2001(10):13-21.

[97] 叶子荣,贾宪洲.金融支持促进了中国的自主创新吗?[J].财经科学,2011(3):10-18.

[98] 袁泽沛,王琼.技术创新与创新风险的研究综述[J].经济学动态,2002(3):79-82.

[99] 袁志刚,邵挺.国有企业的历史地位、功能及其进一步改革[J].学术月刊,2010,42(1):55-66.

[100] 袁志刚,解栋栋.中国劳动力错配对TFP的影响分析[J].经济研究,2011,46(7):4-17.

[101] 余雪飞,宋清华."二元"信贷错配特征下的金融加速器效应研究:基于动态随机一般均衡模型的分析[J].当代财经,2013(4):48-58.

[102] 余泳泽,刘大勇.我国区域创新效率的空间外溢效应与价值链外溢效应:创新价值链视角下的多维空间面板模型研究[J].管理世界,2013(7):6-20.

[103] 战明华.金融摩擦、货币政策银行信贷渠道与信贷资源的产业间错配[J].金融研究,2015(5):1-17.

[104] 张海洋.R&D两面性、外资活动与中国工业生产率增长[J].经济研究,2005(5):107-117.

[105] 张杰,周晓艳,李勇.要素市场扭曲抑制了中国企业R&D[J].经济研究,2011,46(8):78-91.

[106] 张小蒂,李风华.技术创新、政府干预与竞争优势[J].世界经济,2001(7):44-49.

[107] 张新民,张婷婷.信贷歧视、商业信用与资本配置效率[J].经济与管理研究,

2016, 37 (4): 26-33.

[108] 赵伟, 马瑞永, 何元庆. 全要素生产率变动的分解: 基于 Malmquist 生产力指数的实证分析 [J]. 统计研究, 2005 (7): 37-42.

[109] 赵增耀, 章小波, 沈能. 区域协同创新效率的多维溢出效应 [J]. 中国工业经济, 2015 (1): 32-44.

[110] 赵自芳, 史晋川. 中国要素市场扭曲的产业效率损失: 基于 DEA 方法的实证分析 [J]. 中国工业经济, 2006 (10): 40-48.

[111] 周寄中, 张黎, 汤超颖. 关于自主创新与知识产权之间的联动 [J]. 管理评论, 2005 (11): 41-46.

[112] 周新苗, 钱欢欢. 资源错配与效率损失: 基于制造业行业层面的研究 [J]. 中国软科学, 2017 (1): 183-192.

[113] 周煜皓, 张盛勇. 金融错配、资产专用性与资本结构 [J]. 会计研究, 2014 (8): 75-80, 97.

[114] 左勇华, 黄吉焱. 不同 FDI 进入方式对区域创新能力影响研究: 基于市场化程度差异视角 [J]. 科技管理研究, 2017, 37 (6): 85-91.